Grammaire italienne

Dans la série Mémo

Conjugaison française, Librio n° 470
Grammaire française, Librio n° 534
Conjugaison anglaise, Librio n° 558
Le calcul, Librio n° 595
Orthographe française, Librio n° 596
Grammaire anglaise, Librio n° 601
Difficultés du français, Librio n° 642
Vocabulaire anglais courant, Librio n° 643
Conjugaison espagnole, Librio n° 644
Dictées pour progresser, Librio n° 653
Dictionnaire des rimes, Librio n° 671
Le français est un jeu, Librio n° 672
Figures de styles, Librio n° 710
Mouvements littéraires, Librio n° 711
Grammaire espagnole, Librio n° 712
Latin pour débutants, Librio n° 713
Formulaire de mathématiques, Librio n° 756
La cuisse de Jupiter, Librio n° 757
Le dico de la philo, Librio n° 767
La géométrie, Librio n° 771
Le mot juste, Librio n° 772
Chronologie universelle, Librio n° 773
L'anglais est un jeu, Librio n° 814
Chinois pour débutants, Librio N° 823
Vocabulaire espagnol, Librio n° 842
Vocabulaire italien, Librio n° 901
Conjugaison italienne, Librio n° 906
L'italien est un jeu, Librio n° 920

Mireille Guézenec
Anne Mazire

Grammaire italienne

Librio

Inédit

SOMMAIRE

I. L'alphabet

L'alphabet traditionnel italien comprend 21 lettres :

A (a)	**H** (acca)	**Q** (cou)
B (bi)	**I** (i)	**R** (erré)
C (tchi)	**L** (ellé)	**S** (essé)
D (di)	**M** (emmé)	**T** (ti)
E (é)	**N** (enné)	**U** (ou)
F (effé)	**O** (o)	**V** (vou)
G (dji)	**P** (pi)	**Z** (dzeta)

À ces lettres, on ajoute, dans l'ordre adopté pour tous les alphabets, le **J** (i lounga) que l'on rencontre dans certains dialectes et qui se prononce comme le **I**.

Exemple, la célèbre équipe de foot : la *Juventus* (la iouvéntous), ainsi que les mots d'origine étrangère contenant les lettres :

K (kappa, ex : ***kaki***) ; **W** (doppiavou, ex : ***webcam***) ; **X** (iksé, ex : *taxi*) ; **Y** (ipsilon, ex : *yogurt*).

1) La prononciation

En italien, **toutes les lettres se prononcent**.

A. Les voyelles

- **a**, **i** et **o** se prononcent comme en français ;
- **e** se prononce **é** ou **è** et n'est jamais muet : **Perdere** (*perdre*) se prononce [pèrdéré] ;
- **u** se prononce **ou**.

On dit : cuore (*cœur*) [kou o ré], guida (*guide*) [gou i da], quaderno (*cahier*) [qou a dèr no].

Même lorsque plusieurs voyelles se suivent, chacune d'elles se prononce séparément.

On dit : astronauta (*astronaute*) [as tro na ou ta] ; abbaiare (*aboyer*) [abba i a ré] ; aiutare (*aider*) [a i ou ta ré].

B. Les consonnes

En général, elles se prononcent comme en français. Quelques particularités sont cependant à retenir :

➢ C et G

Lorsqu'ils sont suivis de **a**, **o** et **u**, ont le même son «dur» qu'en français.

On prononce :
c + a = [ka] caffè (*café*) [ka ffè]
g + a = [ga] gatto (*chat*) [ga tto]
c + o = [ko] come (*comment*) [ko mé]
g + o = [go] lago (*lac*) [la go]
c + u = [kou] cuoio (*cuir*) [kou o io]
g + u = [gou] anguria (*pastèque*) [an gou ria]

Lorsqu'ils sont suivis d'un **e** ou d'un **i**, ils ont un son «doux». On prononce :
c + e = [tché] certo (*certain*) [tchèr to]
g + e = [dgé] generale (*général*) [dgé né ra lé]
c + i = [tchi] cinema (*cinema*) [tchi né ma]
g + i = [dgi] girare (*tourner*) [dgi ra ré]

Lorsqu'on veut rétablir un son «dur», on intercale un **h** entre le **c** ou le **g** et le **e** ou le **i**. On prononce alors :
c + h + e = [ké] anche (*aussi*) [an ké]
g + h + e = [gué] spaghetti (*spaghettis*) [spa gué tti]
c + h + i = [ki] chimico (*chimiste*) [ki mi ko]
g + h + i = [gui] ghianda (*gland*) [gui an da]

Inversement, si l'on veut obtenir un son «doux» avec un **c** ou un **g** suivis d'un **a**, **o** ou **u**, on doit intercaler un **i** :
c + i + a = [tcha] ciao ! (*salut !*) [tcha o]
g + i + a = [dja] giallo (*jaune*) [dja llo]
c + i + o = [tcho] calcio (*football*) [kal tcho]
g + i + o = [djo] giorno (*jour*) [djor no]
c + i + u = [tchou] ciuffo (*mèche*) [tchou ffo]
g + i + u = [djou] giurare (*jurer*) [djou ra re]

➢ Le groupe SC

Il réagit de la même manière que le **c**. Ainsi :
sc + a = [ska] tasca (*poche*) [ta ska]
sc + o = [sko] fresco (*frais*) [frè sko]
sc + u = [skou] scuola (*école*) [skou o la]

sc + **e** ou **i** donnent le son «ch» :
sc + e = [ché] scena (*scène*) [ché na]
sc + i = [chi] scimmia (*singe*) [chi mmia]
sc + i + a = [cha] scialle (*châle*) [cha llé]

sc + i + o = [cho] sciocco (*sot*) [cho kko]
sc + i + u = [chou] asciugare (*essuyer*) [a chou ga ré]

Le **h** intercalé permet également de retrouver un « son dur » :
sc + h + e = [ské] scheda (*fiche*) [ské da]
sc + h + i = [ski] schiaffo (*gifle*) [ski a ffo]

⚠ Rappelez-vous que l'unique fonction du **h** est de « durcir » le son d'un mot. On ne le trouve jamais en début de mot (exception faite du présent du verbe avoir : *ho, hai, ha, hanno*) et il n'agit sur aucune autre lettre que le **c** et le **g**. Ainsi, on écrit :
La pharmacie = la farmacia [far ma tchi a], *la physique* = la fisica [fi si ka], *la géographie* = la geografia [djé o gra fi a]

➢ Le groupe **GLI**
Il permet d'obtenir un son « mouillé » dont la prononciation est similaire à celle que l'on rencontre en français dans le mot « bou**illie** » :
giglio (*lys*) [dji llio] ; figlio (*fils*) [fi llio], artigli (*griffes*) [ar ti lli]

➢ Le groupe **GN**
Il se prononce comme en français :
campagna (*campagne*) [kam pa gna]

➢ Le **S**
Entre deux voyelles, il se prononce « z » :
cosa (*chose*) [ko za]
Lorsqu'il est doublé, il se prononce « ss » :
cassa (*caisse*) [ka ssa]
Entre une consonne et une voyelle, le **s** sera prononcé « ss », comme en français :
pensare (*penser*) [pén ssa ré]

➢ Le **Z**
Il se prononce, en principe :
z = [dz] : zio (*oncle*) [dzi o]
zz = [tss] : pizza (*pizza*) [pit ssa]

➢ Le groupe **LL**
Il n'a pas de son particulier. Par exemple, le prénom Camilla se prononce comme si les deux **l** étaient séparés : [Ka mil la]

➢ **Les doubles lettres**
Elles se prononcent toutes, un peu comme si l'on butait sur la consonne redoublée :

mamma (*maman*) [mam ma]; ottobre (*octobre*) [ot to bré], palla (*balle*) [pal la]

2) L'accent tonique

Tous les mots italiens sont accentués. Cet accent a une telle importance qu'il peut changer le sens d'un mot s'il n'est pas placé sur la voyelle qui doit le porter (exemple : *la metà* signifie la moitié alors que *la m***e***ta* est le but que l'on cherche à atteindre). Il convient donc de ne pas le négliger.

On situe la place de l'accent tonique en partant de la fin du mot. Plusieurs accentuations sont possibles :

➤ Sur l'avant-dernière syllabe.

On appelle ces mots les **parole piane.** Ils forment le groupe le plus important.

frat**e**llo (*frère*) ; sor**e**lla (*sœur*) ; arm**a**dio (*armoire*) ; televis**o**re (*téléviseur*) ; straordin**a**rio (*extraordinaire*) ; generalm**e**nte (*généralement*) ; cammin**a**re (*marcher*) ; chiacchier**a**re (*bavarder*)

➤ Sur l'antépénultième (deux syllabes avant la fin).

On dit que ces mots sont des **parole sdrucciole**.

m**a**cchina (*voiture*) ; simp**a**tico (*sympathique*) ; rip**e**tono (*ils répètent*)

C'est également le cas de tous les mots terminés par :

« **a**bile » : prob**a**bile (*probable*)
« **e**vole » : piac**e**vole (*plaisant*)
« **i**bile » : ud**i**bile (*audible*)
« **u**dine » : solit**u**dine (*solitude*)
« **o**bile » : n**o**bile (*noble*)
« **u**bile » : sol**u**bile (*soluble*)
« **i**ssimo » : content**i**ssimo (*très content*)

➤ Sur la troisième syllabe avant la fin.

On dit que ces mots sont des **parole bisdrucciole**. C'est souvent le cas :

– des verbes : v**i**sitano (*ils visitent*) ; tel**e**fonano (*ils téléphonent*)
– ou d'un impératif suivi de deux pronoms : d**a**tegliela (*donnez-la-lui*)

➤ Sur la quatrième syllabe avant la fin.

C'est très rare, mais c'est le cas de certains verbes suivis de pronoms personnels :

tel**e**fonamelo (*téléphone-le-moi*)

➤ Sur la voyelle finale.
On appelle ces mots les **parole tronche**. Dans ce cas, il est écrit :
pubblicità (*publicité*) tiramisù (*gâteau typique*)
bordò (*couleur bordeaux*)

Certaines formes du futur et du passé simple se prononcent de la même façon :
seguirò (*je suivrai*) seguirà (*il suivra*) parlò (*il parla*)

3) L'élision, l'apocope et l'euphonie

➤ L'élision et l'apocope.
L'italien est avant tout une langue musicale. Tout son disgracieux en est donc écarté. Ainsi, on élide chaque fois qu'on le peut afin de conserver la musicalité de la phrase :
Quest'albergo è il migliore della città. (*Cet hôtel est le meilleur de la ville.*)
L'ho detto ma non lo penso veramente. (*Je l'ai dit mais je ne le pense pas vraiment.*)
Non c'è nessun bisogno di affrettarci. (*Il n'y a aucun besoin de nous dépêcher.*)
Qual è l'autore di questa commedia? (*Quel est l'auteur de cette pièce de théâtre ?*)
Un buon caffè non deve essere troppo lungo. (*Un bon café ne doit pas être trop allongé.*)

➤ L'euphonie.
Pour la même raison, afin de faciliter l'expression, on place un **d** derrière les prépositions et les conjonctions formées d'une seule voyelle. Il n'est pas obligatoire de l'écrire mais fortement conseillé de le dire à l'oral :
Vado ad Ancona ad abitare da amici. (*Je vais à Ancone habiter chez des amis.*)
Ieri od oggi è sempre uguale. (*Hier ou aujourd'hui, c'est toujours pareil.*)
Francesco ed Ernesto sono i migliori amici del mondo. (*François et Ernest sont les meilleurs amis du monde.*)
Bisogna ripetere ancora ed ancora i soliti consigli. (*Il faut répéter encore et toujours les mêmes conseils.*)

Autre cas : per iscritto (*par écrit*)

II. La phrase

1) Généralités

A. La phrase affirmative

Elle se construit comme en français :

Franco è italiano. (*François est italien.*)

Questi ragazzi sono due amici romani. (*Ces garçons sont deux amis romains.*)

B. La phrase négative

La négation **non** se place devant le groupe verbal :

Maria non è francese. (*Marie n'est pas française.*)

Non sono andati al mare. (*Ils ne sont pas allés à la mer.*)

Questo ragazzo non si chiama Paolo. (*Ce garçon ne s'appelle pas Paul.*)

⚠ Vous noterez que ***non*** se dit **no** et que la négation ***ne... pas*** se dit **non**.

Sei italiano? No! non sono italiano, sono francese. (*Es-tu italien? Non! Je ne suis pas italien, je suis français.*)

C. La phrase interrogative

Comme en français elle peut se construire avec ou sans l'inversion du sujet.

Avec inversion du sujet :

È arrivato tuo padre? (*Il est arrivé ton père?*)

Sans inversion du sujet :

I tuoi amici sono arrivati? (*Tes amis sont arrivés?*)

2) L'exclamation

La proposition exclamative peut être introduite par **che** (*que, quel*), **come** (*comme, combien*) ou encore par **quanto** (*que de, combien de*).

➢ **Che** (*invariable*)

Che lavoro fastidioso! (*Quel travail fastidieux!*)

Che sorpresa! (*Quelle surprise!*)

Che bei dipinti! (*Quels beaux tableaux!*)

Che belle vetrine! (*Quelles belles vitrines!*)

➢ **Come** (*invariable*)
Come ci divertiamo! (*Comme on s'amuse!*)
Come sono belle queste maschere! (*Comme ils sont beaux, ces masques!*)

Suivi du verbe **essere**, il s'élide devant **e**:
Com'è bella questa giornata! (*Comme cette journée est belle!*)
Com'eravamo felici! (*Comme nous étions heureux!*)

➢ **Quanto**
S'il est placé devant un nom, il s'accorde en genre et en nombre avec celui-ci:
Quanta gente in questo treno! (*Que de gens dans ce train!*)
Quant'aria in questa stanza! (*Que d'air dans cette pièce!*)
Quante sculture in questo museo! (*Que de sculptures dans ce musée!*)
Quanto sole oggi! (*Que de soleil aujourd'hui!*)
Quanti spettatori! (*Que de spectateurs!*)

Le nom peut être sous-entendu:
Quante me ne racconti! (*Qu'est-ce que tu me racontes?* ([sous-entendu «quante storie», *combien d'histoires*])

⚠ Si le mot qui suit **quanto** commence, au singulier, par une voyelle, il faut l'élider:
Quant'acqua a Venezia! (*Que d'eau à Venise!*)

S'il est placé devant un verbe, en tant qu'adverbe, il est invariable:
Quanto sei cresciuta! (*Comme tu as grandi!*)

Quanto devant le verbe **essere** s'élide devant **e**:
Quant'è bello il panorama! (*Qu'il est beau, ce panorama!*)

3) L'INTERROGATION

Pour poser une question, il est nécessaire d'utiliser des pronoms ou adverbes interrogatifs, précédés ou non d'une préposition.

⚠ Rappelez-vous que ***est-ce que* ne se traduit pas**:
Sei già partito? (*Es-tu [Est-ce que tu es] déjà parti?*)

Che cosa ? Che ? Cosa ? (*Qu'est-ce que ? Que ?*)
Che cosa fanno ? (*Que font-ils/elles ?*)
Che fanno ? Cosa fanno ? (*Que font-ils ?/elles*) se dit couramment dans la langue parlée.

A. Les pronoms interrogatifs

➢ **Chi ?** *Qui est-ce qui ? Qui ?*
Chi è questo attore ? (*Qui est cet acteur ?*)
Chi vuole giocare con me ? (*Qui est-ce qui veut jouer avec moi ?*)

Chi di accompagné d'un pronom personnel :
Chi di voi vuole uscire stasera ? (*Qui parmi vous veut sortir ce soir ?*)

➢ **Quale ?** *Quel/Quelle ?* ou encore *Lequel/Laquelle ?*; Quali ? *Quels/Quelles ?* ou encore *Lesquels/Lesquelles ?*
Quale vestito hai scelto ? (*Quelle robe as-tu choisie ?*)
Quale hai scelto ? (*Lequel/laquelle as-tu choisi(e) ?*)
Quali scarpe metti ? (*Quelles chaussures mets-tu ?*)
Qual è la tua città preferita ? (*Quelle est ta ville préférée ?*)

B. Les adverbes interrogatifs

➢ **Come ?** *Comment ?*
Come si chiama tua sorella ? (*Comment s'appelle ta sœur ?*)
Come fai a sapere tutte queste cose ? *(Comment fais-tu pour savoir toutes ces choses ?)*
Com'è questa torta ? (*Comment est ce gâteau ?*)

➢ **Come mai ?** indique une insistance : *Comment se fait-il ?*
Come mai non hai il costume ? (*Comment se fait-il que tu n'aies pas ton maillot de bain ?*)
Non vieni ? Come mai ? *(Tu ne viens pas ? Comment cela se fait-il ?)*

➢ **Dove ?** *Où ?*
Dove abitano i tuoi genitori ? (*Où habitent tes parents ?*)
Dov'è il cane ? (*Où est le chien ?*)

➢ **Di dove ? da dove ?** *D'où ?*
Di dove sono ? (*D'où sont-ils ?*)
Da dove vieni ? (*D'où viens-tu ?*)

➢ **Perché ?** *Pourquoi ?*
Perché cammini veloce ? (*Pourquoi marches-tu vite ?*)
Perché non me l'hai detto ? *(Pourquoi ne me l'as-tu pas dit ?)*

➢ **Quando?** *Quand?*
Quando sono arrivati? (*Quand sont-ils arrivés?*)
Quando festeggiate il suo compleanno? (*Quand fêtez-vous son anniversaire?*)
Quand'è che venite? (*Quand est-ce que vous venez?*)

➢ **Da quando?** *Depuis quand?*
Da quando abitano a Roma? (*Depuis quand habitent-ils/elles à Rome?*)
Da quando frequenti questa scuola? (*Depuis quand fréquentes-tu cette école?*)

➢ **Quanto?** *Combien?*

⚠ Placé devant un verbe, il est invariable:
Quanto costa questo mazzo? (*Combien coûte ce bouquet?*)
Quanto costano questi fiori? (*Combien coûtent ces fleurs?*)
Quant'è? (*C'est combien?*)

Placé devant un nom, il s'accorde en genre et en nombre avec celui-ci:
Quanto tempo è passato dall'ultimo incontro? (*Combien de temps est passé depuis notre dernière rencontre?*)
Quanti giorni resti a casa nostra? (*Combien de jours restes-tu chez nous?*)
Quanta frutta hai comprato? (*Combien de fruits as-tu achetés?*)
Quante persone ci sono a cena? (*Combien de personnes restent dîner?*)

4) La négation

Lorsqu'on pose une question, on répond:
Vuoi un gelato? No, grazie. (*Veux-tu une glace? Non, merci.*)
Ha chiamato? Penso di no. (*Il a appelé? Je pense que non.*)
Abiti a Roma? No, non abito a Roma. (*Habites-tu à Rome? Non, je n'habite pas à Rome.*)

A. Place du *non* avant le verbe

Non parlo. (*Je ne parle pas.*)
Non avevo capito. (*Je n'avais pas compris.*)
Non ce li hanno offerti. (*Ils/elles ne nous les ont pas offerts.*)

B. Autres formes de négation

➢ mai (*jamais*)

Non andate **mai** in pizzeria./Mai andate in pizzeria. (*Vous n'allez jamais à la pizzeria.*)

Non siete **mai** andati all'estero. (*Vous n'êtes jamais allés à l'étranger.*)

➢ **neanche/nemmeno/neppure** (*même pas, non plus*)

Non hai fatto **neanche** uno sforzo. (*Tu n'as même pas fait un effort.*)

Non hanno studiato **nemmeno** una poesia. (*Ils/Elles n'ont même pas étudié une poésie.*)

Non ha invitato **neppure** i genitori. (*Il/Elle n'a même pas invité ses parents.*)

Andiamo a ballare ? **Neanche** per sogno ! **Neanche** per idea ! (*On va danser ? Tu rêves ! Sûrement pas/Jamais de la vie !*)

Non ci vanno loro, **non** ci vado **neanch'io**. (*Ils/Elles n'y vont pas, je n'y vais pas moi non plus.*)

➢ **nessuno** (*personne/aucun*)

Nessuno si muove./**Non** si muove **nessuno**. (*Personne ne bouge.*)

Nessuno ve lo ha detto./**Non** ve lo ha detto **nessuno**. (*Personne ne vous l'a dit.*)

Nessuna domanda ? (*Pas de question ?*)

➢ **niente/nulla** (*rien*)

Non prendi **niente** ?/**Niente** prendi ? (*Tu ne prends rien ?*)

Non è **niente**. (*Ce n'est rien.*)

Non hai capito **nulla**./**Nulla** hai capito. (*Tu n'as rien compris.*)

Niente zucchero nel caffè ! (*Pas de sucre dans le café !*)

Non mi fido per **niente** di lui. (*Je n'ai pas du tout confiance en lui.*)

Non sono interessata per **nulla**. (*Je ne suis absolument pas intéressée.*)

Non hai **nulla** da dirmi ? (*Tu n'as rien à me dire ?*)

➢ **niente affatto/non... affatto** (*sûrement pas, pas du tout*)

Disturbo se mi siedo qui ? **Niente affatto.** (*Je dérange si je m'assieds ici ? Pas du tout !*)

Non mi piace **affatto** lo sci. (*Je n'aime pas du tout le ski.*)

➢ **più** (*plus*)

Non ne voglio **più**. (*Je n'en veux plus.*)

Non l'ho **più** sentito. (*Je ne l'ai plus entendu.*)

On peut également utiliser deux négations comme :

➢ **nessuno… mai**
Nessuno me lo ha **mai** detto. (*Personne ne me l'a jamais dit.*)

➢ **nessuno… più**
Nessuno mi costringerà **più** a salire sull'otto volante. (*Personne ne m'obligera plus à monter dans le grand huit.*)

➢ **mai più** (*plus jamais*)
Non ci andrò **mai** più. (*Je n'irai plus jamais.*)

➢ **né… né** (*ni… ni*)
Non ci vado **né** oggi né domani/**Né** oggi **né** domani ci vado. (*Je n'y vais ni aujourd'hui ni demain.*)

Pour traduire l'expression « ne… que », on emploie **solo/soltanto**.
Compro **solo** frutta di stagione. (*Je n'achète que des fruits de saison.*)
L'ho saputo **soltanto** ieri. (*Je ne l'ai su qu'hier.*)

⚠ **Exception faite de l'expression** « ne… que » qui indique la **répétition**. Dans ce cas, on dit « **non… altro che** » :
Non faccio **altro che** ripetere. (*Je ne fais que répéter.*)

➢ **mica** est très utilisé dans la langue parlée et sert surtout à renforcer la négation. Ainsi, on dit :
Non mi ha **mica** salutato. (*Il/Elle ne m'a même pas salué.*)
Non è **mica** malato. (*Il/Elle n'est pas/même pas malade.*)

III. L'article

1) L'ARTICLE INDÉFINI

Il varie en fonction du mot devant lequel il est placé selon les exemples suivants :

	Masculin			Féminin	
Devant	Une consonne	Une voyelle	Un **z** et un « **s impur** » ①	Une consonne	Une voyelle
Singulier	UN **g**iornale *un journal*	UN **a**mico *un ami*	UNO **z**ucchero *un sucre* UNO **sc**rittore *un écrivain*	UNA **p**artita *un match* UNA **z**ia *une tante* UNA **st**raniera *une étrangère*	UN' idea *une idée*

① On appelle « **s impur** » un « **s** » suivi d'une autre consonne. Par exemple : studente (*étudiant*), sportivo (*sportif*), sciocco (*sot*).

⚠ L'article indéfini n'existe pas au pluriel. Ainsi on dit :
Ho visto un film interessante. (*J'ai vu un film intéressant.*)
Ho visto film interessanti. (*J'ai vu **des** films intéressants.*)

2) L'ARTICLE DÉFINI

Il varie, lui aussi, en fonction du mot devant lequel il est placé.

	Singulier			Pluriel		
Devant	Une consonne	Une voyelle	Un **z** et un « **s impur** »	Une consonne	Une voyelle	Un **z** et un « **s impur** »
Masculin	il **m**are *la mer*	l'**o**ggetto *l'objet*	lo **z**odiaco *le zodiac* lo **sb**aglio *l'erreur*	i **v**icini *les voisins*	gli **o**rdini *les ordres*	gli **z**ucchini *les courgettes* gli **sp**aghetti *les spaghettis*
Féminin	la **p**iazza *la place*	l'**i**nsalata *la salade*	la **st**udentessa *l'étudiante* la **z**ampa *la patte*	le **c**ase *les maisons*	le **e**dicole *les kiosques*	le **z**anne *les crocs* le **sp**agnole *les Espagnoles*

3) Les articles contractés

En italien, on les appelle **le preposizioni articolate**. Ces formes sont plus fréquentes qu'en français car la plupart des principales prépositions se plient à cette règle.

	Masculin					Féminin		
Avec	il	l'	lo	i	gli	la	l'	le
a	al	all'	allo	ai	agli	alla	all'	alle
da	dal	dall'	dallo	dai	dagli	dalla	dall'	dalle
di	del	dell'	dello	dei	degli	della	dell'	delle
in	nel	nell'	nello	nei	negli	nella	nell'	nelle
su	sul	sull'	sullo	sui	sugli	sulla	sull'	sulle
con	col	coll'	collo	coi	cogli	colla	coll'	colle

La contraction avec **con** est facultative.

Vado **allo** stadio. (*Je vais au stade.*)
Ho saputo la notizia **dai** giornali. (*J'ai appris la nouvelle par les journaux.*)
Sei diversa **dalle** amiche. (*Tu es différente de tes amis.*)
Di primavera, ci sono molti fiori **nei** giardini. (*Au printemps, il y a beaucoup de fleurs dans les jardins.*)
È sdraiato **sui** cuscini **del** divano. (*Il est allongé sur les coussins du divan.*)
Ho lezione **dall'** una **alle** tre. (*J'ai cours de une heure à trois heures.*)
C'è molta gente **sull'**autobus **delle** cinque. (*Il y a beaucoup de monde dans le bus de cinq heures.*)
Ti aspetto **all'**ingresso **degli** spogliatoi. (*Je t'attends à l'entrée des vestiaires.*)
Mando una cartolina **agli** amici. (*J'envoie une carte postale à mes amis.*)
Vado **dallo** zio. (*Je vais chez mon oncle.*)
Entro **nella** hall **dell'**albergo. (*J'entre dans le hall de l'hôtel.*)
Esco **colla/con la** fidanzata. (*Je sors avec ma fiancée.*)
Cambierai idea **col** tempo. (*Tu changeras d'idée avec le temps.*)
C'è un mobile **nell'**entrata. (*Il y a un meuble dans l'entrée.*)

4) L'article partitif

Il est le résultat de la contraction de la préposition **di** et de l'article.

➢ **Dans une phrase affirmative,** on dit :
Metto zucchero nel caffè./Metto **dello** zucchero nel caffè. (*Je mets du sucre dans le café.*)
Dammi pane e nutella./Dammi **del** pane e **della** nutella. (*Donne-moi du pain et du Nutella.*)

➢ **Dans une phrase négative**, il n'est **jamais** employé :
Non metto burro sul pane. (*Je ne mets pas* ***de*** *beurre sur mon pain.*)
Non compro giornali e non leggo riviste. (*Je n'achète pas* ***de*** *journaux et je ne lis pas* ***de*** *revues.*)

5) Emploi particulier de l'article

Il est indispensable pour indiquer :
➢ Une année ou un siècle.
Dante è nato **nel** 1265. (*Dante est né en 1265.*)
È successo **nell'**ottocento. (*C'est arrivé au dix-neuvième siècle.*)

➢ L'heure.
Sono **le** dieci. (*Il est dix heures.*)
È **l'**una. (*Il est une heure.*)

➢ Un pourcentage.
La popolazione è aumentata **del** 3 %. (*La population a augmenté de 3 %.*)
L'80 % delle ragazze segue la moda. (*80 % des jeunes filles suivent la mode.*)
Il PIL è sceso **dello** 0,7 %. (*Le PIB a diminué de 0,7 %.*)

On doit le placer :
➢ Devant **signore, signora, signorina** quand on parle d'eux :
Il signor Mosca ha telefonato. (*M. Mosca a téléphoné.*)
La signora Santi non abita più qui. (*Mme Santi n'habite plus ici.*)

➢ Devant un titre :
Il signor Presidente è arrivato. (*M. le Président est arrivé.*)

⚠ ***On ne doit pas l'utiliser :***

Lorsqu'on s'adresse à une personne munie d'un titre :

Arrivederci signor Presidente. (*Au revoir monsieur* ***le*** *Président.*)

Ou encore dans des expressions telles que :

Vado a casa, a teatro, a scuola, a letto… (*Je vais* ***à la*** *maison,* ***au*** *théâtre,* ***à l'****école,* ***au*** *lit…*)

a caso (*au hasard*) ; fatto a mano (*fait à la main*)

Vado in farmacia, in banca, in montagna, in campagna, in centro, in piscina… (*Je vais* ***à la*** *pharmacie,* ***à la*** *banque,* ***à la*** *montagne,* ***à la*** *campagne,* ***dans le*** *centre,* ***à la*** *piscine…*)

lavori in corso (*travaux en cours*), scendere in piazza (*descendre dans la rue*)

Gioco a dama, a scacchi, a calcio, a carte… (*Je joue* ***aux*** *dames,* ***aux*** *échecs,* ***au*** *foot,* ***aux*** *cartes…*)

Resto in ufficio. (*Je reste* ***au*** *bureau.*)

Mi viene in mente. (*Il me vient* ***à l'****esprit.*)

Ho comprato un olio su tela. (*J'ai acheté une peinture* ***à l'****huile.*)

IV. Le nom

En italien, la terminaison des mots suit les règles suivantes :

Au masculin, les mots peuvent se terminer par					
o	e	a	i	ù	une consonne
Exemples					
libr**o** *livre* ciel**o** *ciel* tren**o** *train*	can**e** *chien* mar**e** *mer* student**e** *étudiant*	turist**a** touriste violinist**a** *violoniste* colleg**a** *collègue*	alib**i** *alibi* brindis**i** *toast*	tab**ù** *tabou* men**ù** *menu*	ga**s** gaz spor**t** *sport* alco**l** *alcool*

Au féminin, les mots peuvent se terminer par						
a	e	o'	i	tà	tù	une consonne
Exemples						
guid**a** *guide* statu**a** *statue* piazz**a** *place*	madr**e** *mère* salut**e** *santé* estat**e** *été*	man**o** *main* radi**o** *radio* fot**o** *photo*	analis**i** *analyse* tes**i** *thèse* cris**i** *crise*	bon**tà** *bonté* cit**tà** *ville* ones**tà** *honnêteté*	schiavi**tù** *esclavage* vir**tù** *vertu*	jee**p** *jeep* sta**r** *star* hal**l** *hall*

1) Formation du féminin

La plupart des mots masculins qui se terminent par **o** ou par **e** ont leur féminin en **a** :

il ragazz**o** (*le jeune homme*), la ragazz**a** (*la jeune fille*)
il grec**o** (*le grec*), la grec**a** (*la Grecque*)
il signor**e** (*le monsieur*), la signor**a** (*la dame*)
l'infermier**e** (*l'infirmier*), l'infermier**a** (*l'infirmière*)

Toutefois une grande partie des mots masculins qui se terminent en **e** ne changent pas de terminaison au féminin :

il cantant**e** (*le chanteur*), la cantant**e** (*la chanteuse*)
il frances**e** (*le Français*), la frances**e** (*la Française*)
il client**e** (*le client*), la client**e** (*la cliente*)
il nipot**e** (*le neveu*), la nipot**e** (*la nièce*)

Les mots masculins qui se terminent en **a** ne changent pas de terminaison au féminin :
il turist**a** (*le touriste*), la turist**a** (*la touriste*)
il giornalist**a** (*le journaliste*), la giornalist**a** (*la journaliste*)
il pianist**a** (*le pianiste*), la pianist**a** (*la pianiste*)
il musicist**a** (*le musicien*), la musicist**a** (*la musicienne*)

Certains mots masculins qui se terminent en **e** font leur féminin en **essa** :
il dottor**e** (*le docteur*), la dottor**essa** (*la doctoresse*)
il leon**e** (*le lion*), la leon**essa** (*la lionne*)
il princip**e** (*le prince*), la princip**essa** (*la princesse*)
il professor**e** (*le professeur*), la professor**essa** (*la professeure*)
lo student**e** (*l'étudiant*), la student**essa** (*l'étudiante*)

Les mots masculins qui se terminent en **tore** font généralement leur féminin en **trice** :
l'at**tore** (*l'acteur*), l'at**trice** (*l'actrice*)
il diret**tore** (*le directeur*), la diret**trice** (*la directrice*)
il narra**tore** (*le narrateur*), la narra**trice** (*la narratrice*)
il tradut**tore** (*le traducteur*), la traduttrice (*la traductrice*)
il collabora**tore** (*le collaborateur*), la collabora**trice** (*la collaboratrice*)

Comme en français, beaucoup de noms changent de forme au féminin :
l'ero**e** (*le héros*), l'ero**ina** (*l'héroïne*)
il gall**o** (*le coq*), la gall**ina** (*la poule*)
il **re** (*le roi*), la re**gina** (*la reine*)
il ca**ne** (*le chien*), la ca**gna** (*la chienne*)
il **fratello** (*le frère*), la **sorella** (*la sœur*)
il **marito** (*le mari*), la **moglie** (*la femme*)
l'**uomo** (*l'homme*), la **donna** (*la femme*)
il **celibe** (*le célibataire*), la **nubile** (*la célibataire*)
il **maschio** (*le mâle*), la **femmina** (*la femelle*)

2) Formation du pluriel

Qu'ils soient masculins ou féminins, les mots italiens font en général leur pluriel en **i**.

Ne suivent pas cette règle les mots féminins en **a**, dont le pluriel est en **e**, et ceux dont le pluriel est irrégulier. Exemples :

Au masculin		Au féminin	
Singulier	Pluriel	Singulier	Pluriel
cavall**o** (*cheval*) color**e** (*couleur*) poet**a** (*poète*) brindis**i** (*toast*)	cavall**i** (*chevaux*) color**i** (*couleurs*) poet**i** (*poètes*) brindis**i** (*toasts*)	port**a** (*porte*) ragion**e** (*raison*) ipotes**i** (*hypothèse*)	port**e** (*portes*) ragion**i** (*raisons*) ipotes**i** (*hypothèses*)

Chaque mot construit son propre pluriel :
il can**e** e il gatt**o** (*le chien et le chat*) → i can**i** e i gatt**i**
la primaver**a** e l'estat**e** (*le printemps et l'été*) → le primaver**e** e le estat**i**
il port**o** e la nav**e** (*le port et le bateau*) → i port**i** e le nav**i**
il verb**o** e la parol**a** (*le verbe et le mot*) → i verb**i** e le parol**e**
il poet**a** e la ragion**e** (*le poète et la raison*) → i poet**i** e le ragion**i**

A. Pluriel des noms masculins en *co* et *go*

Le pluriel des mots en **co** et **go** dépend de la place de l'accent tonique dans le mot.

➢ Les **parole piane** ont un pluriel en **chi** et **ghi** :
l'ar**co** (*l'arc*) → gli ar**chi**
il videogio**co** (*le jeu vidéo*) → i videogio**chi**
l'ingor**go** (*l'embouteillage*) → gli ingor**ghi**
il la**go** (*le lac*) → i la**ghi**

Il y a cependant cinq exceptions :
l'ami**co** (*l'ami*) → gli ami**ci**
il nemi**co** (*l'ennemi*) → i nemi**ci**
il por**co** (*le porc*) → i por**ci**
il gre**co** (*le Grec*) → i gre**ci**
il ma**go** (*le mage ou le magicien*) a deux pluriels qui ont chacun une signification :
i (re) ma**gi** (*les Rois mages*)
i ma**ghi** (*les magiciens*)

➢ Pour les **parole sdrucciole**, le pluriel est, en général, **ci** et **gi** :
il medi**co** (*le médecin*) → i medi**ci**
il mosai**co** (*la mosaïque*) → i mosai**ci**
l'aspara**go** (*l'asperge*) → gli aspara**gi**
lo psicolo**go** (*le psychologue*) → gli psicolo**gi**

Compte tenu du grand nombre d'exceptions à cette règle – il dialo**go** (*le dialogue*) → i dialo**ghi**, il catalo**go** (*le catalogue*) → i catalo**ghi** –, il est vivement conseillé de vérifier dans un dictionnaire.

B. Pluriel des noms masculins en *ca* et *ga*

Ils font leur pluriel en **chi** et **ghi** :

il colle**ga** (*le collègue*) → i colle**ghi**
il monar**ca** (*le monarque*) → i monar**chi**
il du**ca** (*le duc*) → i du**chi**

Une exception : il bel**ga** (*le Belge*) → i bel**gi**

C. Pluriel des noms féminins en *ca* et *ga*

Tous, sans aucune exception, font leur pluriel en **che** et **ghe** :

l'ami**ca** (*l'amie*) → le ami**che**
la musi**ca** (*la musique*) → le musi**che**
la colle**ga** (*la collègue*) → le colle**ghe**
la psicolo**ga** (*la psychologue*) → le psicolo**ghe**

D. Pluriel des noms en *io*

Ce pluriel dépend également de la place de l'accent tonique dans le mot.

➢ Si l'accent tonique est placé sur le **i** final, afin de conserver le même nombre de syllabes, on redouble ce **i** au pluriel, **ii** :

il brontol**io** (*le ronchonnement*) → i brontol**ii**
lo z**io** (*l'oncle*) → gli z**ii**
l'add**io** (*l'adieu*) → gli add**ii**

➢ Si l'accent tonique n'est pas placé sur le **i** final, on ne le redouble pas :

il munici**pio** (*la mairie*) → i munici**pi**
il fo**glio** (*la feuille de papier*) → i fo**gli**
il personag**gio** (*le personnage*) → i personag**gi**

E. Pluriel des noms en *cia*, *gia* et *scia*

Le pluriel dépend de la place de l'accent tonique mais aussi des lettres qui précèdent ces terminaisons.

➢ Si l'accent tonique est placé sur le **i** final, le pluriel est **ie** :

la farma**cia** (*la pharmacie*) → le farma**cie**

la scia (*le sillage*) → le scie
la bugia (*le mensonge*) → le bugie

➢ Si l'accent tonique n'est pas placé ailleurs que sur le **i** final, le pluriel est fonction de la lettre qui précède :

- Si le groupe **cia** ou **gia** est précédé d'une consonne, on supprime le **i** :
  la fa**ccia** (*le visage*) → le fac**ce**
  la spia**ggia** (*la plage*) → le spiag**ge**
  la stri**scia** pedonal**e** (*le passage piétons*) → le stris**ce** pedonal**i**
- Si le groupe **cia** ou **gia** est précédé d'une voyelle, en général, on conserve le **i** :
  la cam**icia** (*la chemise*) → le cam**icie**
  la cili**egia** (*la cerise*) → le cili**egie**

F. Pluriels invariables

➢ Les **parole tronche**
la pubblicit**à** (*la publicité*) → le pubblicit**à**
il men**ù** (*le menu*) → i men**ù**
il caff**è** (*le café*) → i caff**è**

➢ Les noms d'origine étrangère
il **camion** (*le camion*) → i **camion**
la **gang** (*le gang*) → le **gang**
lo **sport** (*le sport*) → gli **sport**
la **troupe** (*la troupe*) → le **troupe**
la **brioche** (*la brioche*) → le **brioche**
il **computer** (*l'ordinateur*) → i **computer**
il **mouse** (*la souris de l'ordinateur*) → i **mouse**

➢ Les noms terminés par **i**
la metropol**i** (*la métropole*) → le metropoli
la tes**i** (*la thèse*) → le tesi
l'ipotes**i** (*l'hypothèse*) → le ipotesi
la cris**i** (*la crise*) → le crisi

➢ Les monosyllabes
il **re** (*le roi*) → i **re**
la **gru** (*la grue*) → le **gru**
il **tè** (*le thé*) → i **tè**

➢ Les noms terminés par **ie**
la car**ie** (*la carie*) → le car**ie**
la spec**ie** (*l'espèce*) → le spec**ie**
la ser**ie** (*la série*) → le ser**ie**

⚠ Une exception : la mogl**ie** (*l'épouse*) → le mogl**i**

➢ Les abréviations
l'aut**o** (*la voiture*) → le aut**o**
la fot**o** (*la photo*) → le fot**o**
la mot**o** (*la moto*) → le mot**o**
il cinem**a** (*le cinéma*) → i cinem**a**

➢ Certains noms masculins terminés en **a**
il sosi**a** (*le sosie*) → i sosi**a**
il delt**a** (*le delta*) → i delt**a**
il vagli**a** (*le mandat postal*) → i vagli**a**
il medi**a** (*le média*) → i medi**a**
il bermud**a** (*le bermuda*) → i bermud**a**

➢ Pluriel des mots composés
Le pluriel va être différent selon la façon dont le mot est composé :

Noms composés d'un verbe et d'un nom		
Verbe suivi d'un nom au pluriel	Verbe suivi d'un nom masculin singulier	Verbe suivi d'un nom féminin singulier
Nom composé invariable	Le nom se met au pluriel	Nom composé invariable
il portamonet**e** (*le porte-monnaie*) → i portamonet**e** l'asciugacapell**i** (*le sèche-cheveux*) → gli asciugacapell**i** il portachiav**i** (*le porte-clés*) → i portachiav**i** l'attaccapann**i** (*le portemanteau*) → gli attaccapann**i**	il grattaciel**o** (*le gratte-ciel*) → i grattaciel**i** il parafuoc**o** (*le pare-feu*) → i parafuoch**i** il portafogli**o** (*le porte-feuille*) → i portafogl**i** lo spaventapasser**o** (*l'épouvantail*) → gli spaventapasser**i**	il paraluc**e** (*le pare-soleil*) → i paraluc**e** il portacart**a** (*le porte-papier*) → i portacart**a** il portafortun**a** (*le porte-bonheur*) → i portafortun**a** lo spaccalegn**a** (*le bûcheron*) → gli spaccalegn**a**

Noms composés de		
Deux noms	Un nom et un adjectif	Un adjectif et un nom
Le deuxième nom se met au pluriel	Les deux se mettent au pluriel	Le nom se met au pluriel
la videocassett**a** (*la cassette vidéo*) → le videocassett**e** il pescecan**e** (*le requin*) → i pescecan**i**	l'acqu**a**fort**e** (*l'eau-forte*) → le acqu**e**fort**i** la cass**a**fort**e** (*le coffre-fort*) → le cass**e**fort**i** la piazz**a**fort**e** (*la place forte*) → le piazz**e**fort**i**	l'altoparlant**e** (*le haut-parleur*) → gli altopar-lant**i** il bassorilievo (*le bas-relief*) → i bassoriliev**i**
⚠ Invariable : il bagn**o**schium**a** (*le bain moussant*) → i bagn**o**-schium**a**	⚠ Exception : il palc**o**scenic**o** (*la scène du théâtre*) → i palc**o**-scenici	

➢ Les noms composés avec **capo** ont un pluriel plus aléatoire. Quand **capo** indique une personne, il se met au pluriel :
il cap**o**stazion**e** (*le chef de gare*) → i cap**i**stazion**e**
il cap**o**grupp**o** (*le chef de groupe*) → i cap**i**grupp**o**

Mais :
il cap**o**lavor**o** (*le chef-d'œuvre*) → i cap**o**lavor**i**
il cap**o**luog**o** (*le chef-lieu*) → i cap**o**luogh**i**

3) Les pluriels irréguliers

Certains mots ont un pluriel irrégulier :
l'arm**a** (*l'arme*) → le arm**i**
l'al**a** (*l'aile*) → le al**i**
la man**o** (*la main*) → le man**i**
il tempi**o** (*le temple*) → i templ**i**

Parfois les formes sont très différentes entre le singulier et le pluriel. L'utilisation d'un article inattendu peut également se trouver :
l'uom**o** (*l'homme*) → gli uom**ini**
il di**o** (*le dieu*) → **gli** d**ei**
il bu**e** (*le bœuf*) → i bu**oi**

Certains noms changent de genre lorsqu'ils passent au pluriel et de masculins au singulier deviennent féminins au pluriel. Parmi les plus courants :

il dit**o** (*le doigt*) → le dit**a**
l'uov**o** (*l'œuf*) → le uov**a**
il pai**o** (*la paire*) → le pai**a**
il centinai**o** (*la centaine*) → le centinai**a**
il migliai**o** (*le millier*) → le migliai**a**
il migli**o** (*le mille [mesure]*) → le migli**a**
il ris**o** (*le rire*) → le ris**a**

D'autres mots peuvent avoir un double pluriel. C'est le sens donné au mot au singulier qui détermine la formation du pluriel et permet d'ajouter une nuance très différente au mot :

Singulier	Pluriel	
	Sens propre	Sens figuré
il bracci**o** (*le bras*)	le bracci**a** robuste del boscaiolo (*les bras robustes du bûcheron*)	i bracc**i** della poltrona (*les bras du fauteuil*)
il membr**o** (*le membre*)	le membr**a** del nostro corpo (*les membres de notre corps*)	i membr**i** della società segreta (*les membres de la société secrète*)
il labbr**o** (*la lèvre*)	si mette il rossetto sulle labbr**a** (*elle met du rouge sur ses lèvres*)	i labbr**i** della ferita (*les lèvres de la blessure*)
il corn**o** (*la corne*)	le corn**a** della capra (*les cornes de la chèvre*)	i corn**i** suonano (*les cors résonnent*)
l'url**o** (*le hurlement*)	le url**a** di terrore (*les hurlements de terreur*)	gli url**i** del vento (*les hurlements du vent*)
il cigli**o** (*le cil*)	le lunghe cigli**a** della ragazza (*les longs cils de la jeune fille*)	i cigl**i** della strada (*les bas-côtés de la route*)
il fondament**o** (*le fondement, la base*)	le fondament**a** del palazzo (*les fondations de l'immeuble*)	i fondament**i** del dicorso (*les fondements [bases] du discours*)

Singulier	Pluriel pour l'homme	Pluriel pour l'animal
il grid**o** (*le cri*)	le grid**a** di gioia della folla (*les cris de joie de la foule*)	i grid**i** degli animali (*les cris des animaux*)

Singulier	Pluriel « collectif »	Pluriel « individuel »
il mur**o** (*le mur*)	le mur**a** delle città antiche (*les remparts des villes antiques*)	i mur**i** della casa (*les murs de la maison*)
l'oss**o** (*l'os*)	le oss**a** dello scheletro (*les os du squelette*)	Non mangiare gli oss**i**! (*Ne mange pas les os!*)

V. Les suffixes

En italien, on utilise les suffixes plus souvent qu'en français, qu'il s'agisse d'un nom, d'un adjectif, d'un adverbe ou d'un verbe. Ainsi, on peut modifier le sens d'un mot à l'aide d'un diminutif, d'un augmentatif ou d'un péjoratif.

1) Les diminutifs

Avec les noms, adjectifs et adverbes, on utilise :

➢ **ino/ina**

i gatt**i** (*les chats*) → i gatt**ini** (*les chatons*)
un baci**o** (*un baiser*) → un bac**ino** (*un bisou*)
una tazz**a** (*une tasse*) → una tazz**ina** (*une petite tasse*)
piccol**a** (*petite*) → piccol**ina** (*toute petite*)
pian**o** (*doucement*) → pian**ino** (*tout doucement*)

➢ **etto/etta**

un libr**o** (*un livre*) → un libr**etto** (*un petit livre, un livret*)
una nuvol**a** (*un nuage*) → una nuvol**etta** (*un petit nuage*)
le cas**e** (*les maisons*) → le cas**ette** (*les petites maisons*)

On trouve également :

➢ **ello/ella**

un asin**o** (*un âne*) → un asin**ello** (*un joli petit âne/un ânon*)
una cas**a** (*une maison*) → una cas**ella** (*une case [dans un jeu]*)

➢ **cino** pour les mots terminés par **one**

il padr**one** (*le patron*) → il padr**oncino** (*le petit patron*)
il bast**one** (*le bâton*) → il bast**oncino** (*le bâtonnet*)

➢ **icino/olino**

un post**o** (*une place*) → un post**icino** (*une petite place*)
un corp**o** (*un corps*) → un corp**icino** (*un petit corps*)
la test**a** (*la tête*) → la test**olina** (*la tête d'un enfant*)
un top**o** (*une souris*) → un top**olino** (*une petite souris*)

Il est possible de cumuler les diminutifs.

➢ Dans ce cas, on trouvera **ettino/ettina**

fresc**o** (*frais*) → fresch**ettino** (*frisquet*)
una cas**a** (*une maison*) → una cas**ettina** (*une toute petite maison*)

D'autres diminutifs sont moins employés :
➢ **acchiotto/ellino/erello/icello/uccio/uzzo**
un ors**o** (*un ours*) → un ors**acchiotto** (*un ourson*)
un porc**o** (*un cochon*) → un porc**ellino** (*un porcelet*)
la pioggi**a** (*la pluie*) → la piogg**erella** (*la petite pluie*)
un fium**e** (*une rivière*) → un fium**icello** (*un ruisseau*)
una nav**e** (*un bateau*) → una nav**icella** (*un petit bateau*)
una femmin**a** (*une femme*) → una femmin**uccia** (*une petite fille*)
un regal**o** (*un cadeau*) → un regal**uccio** (*un petit cadeau*)
una vi**a** (*une rue*) → una vi**uzza** (*une ruelle*)

On peut également modifier les verbes avec les diminutifs :
➢ **acchiare**
viv**ere** (*vivre*) → viv**acchiare** (*vivoter*)

➢ **erellare**
cant**are** (*chanter*) → cant**erellare** (*chantonner*)

➢ **ettare**
scoppi**are** (*éclater*) → scoppi**ettare** (*crépiter*)

➢ **icchiare**
dorm**ire** (*dormir*) → dorm**icchiare** (*somnoler*)

➢ **igginare**
piov**ere** (*pleuvoir*) → piov**igginare** (*pluvioter*)

➢ **ischiare**
neve (*neige*) → nev**icare** (*neiger*) → nev**ischiare** (*neigeoter*)

2) Les augmentatifs

➢ Le suffixe **one** est le plus répandu :
l'ombrell**o** (*le parapluie*) → l'ombrell**one** (*le parasol*)
ben**e** (*bien*) → ben**one** (*très bien*)
un baci**o** (*un baiser*) → un baci**one** (*un gros bisou*)

⚠ Employé avec des noms féminins, le suffixe **one** donne la plupart du temps un mot masculin :
una scarp**a** (*une chaussure*) → uno scarp**one** (*une grosse chaussure*)
una pall**a** (*une balle*) → un pall**one** (*un ballon*)
una finestr**a** (*une fenêtre*) → un finestr**one** (*une grande fenêtre*)

➢ On trouve aussi le suffixe **otto**
un giovan**e** (*un jeune*) → un giovan**otto** (*un garçon costaud*)
vecchi**o** (*vieux*) → vecchi**otto** (*vieillot*)

➢ Et également **acchione**
furb**o** (*rusé*) → furb**acchione** (*gros malin*)

3) Les péjoratifs

➢ **accio/accia**
l'erb**a** (*l'herbe*) → l'erb**accia** (*la mauvaise herbe*)
il vin**o** (*le vin*) → il vin**accio** (*la vinasse*)
la giornat**a** (*la journée*) → la giornat**accia** (*la mauvaise journée*)
Dans certains cas, ce suffixe peut avoir une nuance d'affection :
pover**o** (*pauvre*) → pover**accio** ! (*pauvre homme !*)

➢ **aglia**
la pleb**e** (*la plèbe*) → la pleb**aglia** (*la populace*)
il can**e** (*le chien*) → la can**aglia** (*la canaille*)

➢ **astro**
ner**o** (*noir*) → ner**astro** (*noirâtre*)
bianc**o** (*blanc*) → bianc**astro** (*blanchâtre*)

➢ **iccio**
ross**o** (*rouge*) → ross**iccio** (*rougeâtre*)

4) Les autres suffixes

➢ Très employé, le suffixe **ata** indique :
- Le coup donné
  il coltell**o** (*le couteau*) → la coltell**ata** (*le coup de couteau*)
  l'occhi**o** (*l'œil*) → l'occhi**ata** (*le coup d'œil*)
  il baston**e** (*le bâton*) → la baston**ata** (*le coup de bâton*)
  il telefon**o** (*le téléphone*) → la telefon**ata** (*le coup de fil*)

- La durée
  il giorn**o** (*le jour*) → la giorn**ata** (*la journée*)
  il mattin**o** (*le matin*) → la mattin**ata** (*la matinée*)
  la nott**e** (*la nuit*) → la nott**ata** (*la nuit, la nuitée*)

V. Les suffixes

- Le contenu
  il carrett**o** (*la charrette*) → la carrett**ata** (*la charretée*)
  il bracci**o** (*le bras*) → la bracci**ata** (*la brassée*)
  la bocc**a** (*la bouche*) → la bocc**ata** (*la bouffée [d'air]*)
  la man**o** (*la main*) → la man**ata** (*la poignée*)

➢ Le suffixe **eto** indique un lieu planté :
la vign**a** (*la vigne*) → il vign**eto** (*le vignoble*)
il castagn**o** (*le châtaignier*) → il castagn**eto** (*la châtaigneraie*)
il limon**e** (*le citronnier*) → il limon**eto** (*le lieu planté de citronniers*)

⚠ Une exception : il pin**o** (*le pin*) → la pin**eta** (*la pinède* [féminin])

➢ Les suffixes **ame** et **ume** ont un sens collectif :
la besti**a** (*la bête*) → il besti**ame** (*le bétail*)
la fogli**a** (*la feuille*) → il fogli**ame** (*le feuillage*)
il dolc**e** (*le gâteau*) → i dolci**umi** (*les confiseries*)
il sal**e** (*le sel*) → i sal**umi** (*la charcuterie*)
il pel**o** (*le poil*) → il pel**ame** (*le pelage*)

➢ Le suffixe **eggiare** s'utilise pour fabriquer un verbe à partir d'un nom ou d'un adjectif :
il lamp**o** (*l'éclair*) → lamp**eggiare** (*étinceler, faire des éclairs*)
la cost**a** (*la côte*) → cost**eggiare** (*longer la côte*)
l'ec**o** (*l'écho*) → ech**eggiare** (*résonner*)
verd**e** (*vert*) → verd**eggiare** (*verdir*)

➢ Le suffixe **io** indique généralement un bruit :
mormor**are** (*murmurer*) → il mormor**io** (*le murmure*)
frusc**iare** (*bruire*) → il frusc**io** (*le bruissement*)
ronz**are** (*bourdonner/ronfler*) → il ronz**io** (*le bourdonnement/le ronflement*)

⚠ On ne peut pas utiliser tous les diminutifs avec tous les mots car certains peuvent en changer le sens :
la carta (*le papier*), il cart**one** (*le carton*), la cart**ina** (*la carte géographique*), il cart**ello** (*l'écriteau, l'affiche*), la cart**ella** (*le cartable*), la cartaccia (*la paperasse*), il cart**ellino** (*l'étiquette*), la cart**ellina** (*la chemise, le carton à dessin*), il cart**ellone** (*l'affiche*), il cart**oncino** (*la carte de visite*), il cart**occio** (*le cornet de papier, la papillote*), la cart**olina** (*la carte postale*), il cart**olaio** (*le papetier*), la cart**oleria** (*la papeterie*)

VI. L'adjectif

1) Généralités

L'adjectif obéit aux mêmes règles que le nom et possède également plusieurs terminaisons selon le genre et le nombre.

	Masculin			Féminin	
Singulier	o	e	a	a	e
	pulit**o** (*propre*) sporc**o** (*sale*)	veloc**e** (*rapide*) grand**e** (*grand*)	ottimist**a** (*optimiste*) pessimist**a** (*pessimiste*)	pulit**a** (*propre*) sporc**a** (*sale*)	veloc**e** (*rapide*) grand**e** (*grande*)
Pluriel	i	i	i	e	i
	pulit**i** (*propres*) sporch**i** (*sales*)	veloc**i** (*rapides*) grand**i** (*grands*)	ottimist**i** (*optimistes*) pessimist**i** (*pessimistes*)	pulit**e** (*propres*) sporch**e** (*sales*)	veloc**i** (*rapides*) grand**i** (*grandes*)

Comme en français, l'adjectif s'accorde en genre et en nombre avec le nom auquel il se rapporte.

Masculin			Féminin		
Singulier		Pluriel	Singulier		Pluriel
il ragazz**o** sportiv**o**	*le jeune homme sportif*	i ragazz**i** sportiv**i**	la ragazz**a** sportiv**a**	*la jeune fille sportive*	le ragazz**e** sportiv**e**
l'uom**o** egoist**a**	*l'homme égoïste*	gli uomin**i** egoist**i**	la donn**a** altruist**a**	*la femme altruiste*	le donn**e** altruist**e**
il profess**ore** sever**o**	*le professeur sévère*	i professor**i** sever**i**	la matit**a** verd**e**	*le crayon vert*	le matit**e** verd**i**
lo zain**o** pesant**e**	*le sac à dos lourd*	gli zain**i** pesant**i**	la torr**e** infernal**e**	*la tour infernale*	le torr**i** infernal**i**
lo spettat**ore** entusiast**a**	*le spectateur enthousiaste*	gli spettator**i** entusiast**i**	la canzon**e** allegr**a**	*la chanson joyeuse*	le canzon**i** allegr**e**

Comme pour le nom, chaque adjectif réagit d'abord en raison de sa terminaison. Seuls ceux qui se terminent en **a** font leur pluriel en **e**. Exemples :

la finestr**a** apert**a** (*la fenêtre ouverte*) → le finestr**e** apert**e**
Mais aussi :
la magli**a** verd**e** (*le pull vert*) → le magli**e** verdi
la region**e** preferit**a** (*la région préférée*) → le region**i** preferit**e**

2) Adjectifs invariables

➢ Adjectifs invariables
Ce sont surtout des adjectifs qui indiquent une couleur
arancion**e** (*orange*) → gli ombrellon**i** arancion**e** (*les parasols orange*)
bl**u** (*bleu*) → le giacch**e** bl**u** (*les vestes bleues*)
marron**e** (*marron*) → i pantalon**i** marron**e** (*les pantalons marron*)
ros**a** (*rose*) → i fior**i** ros**a** (*les fleurs roses*)
viol**a** (*violet*) → le bors**e** viol**a** (*les sacs à main violets*)

➢ L'adjectif, seul, s'accorde mais devient invariable lorsqu'il précise une nuance

le scarp**e** ross**e** (*les chaussures rouges*) mais le scarp**e** ross**o** scur**o** (*les chaussures rouge foncé*)

le sciarp**e** verd**i** (*les écharpes vertes*) mais le sciarp**e** verd**e** smerald**o** (*les écharpes vert émeraude*)

⚠ **À noter** : l'inversion des couleurs dans l'expression « un film in bianco e nero » (*un film en noir et blanc*)

3) Cas particuliers

➢ L'adjectif **bello**

Il se modifie comme une **preposizione articolata**, selon le mot devant lequel il est placé.

Masculin					Féminin		
il	l'	lo	i	gli	la	l'	le
bel	bell'	bello	bei	begli	bella	bell'	belle

Exemples

Masculin	Féminin
il bel paese (*le beau pays*) il bell'animale (*le bel animal*) il bello scenario (*le beau décor*) i bei castelli (*les beaux châteaux*) i begli scavi (*les belles fouilles*) i begli occhi (*les beaux yeux*)	la bella casa (*la belle maison*) la bell'isola (*la belle île*) le belle immagini (*les belles images*) le belle statue (*les belles statues*)

VI. L'adjectif

➢ L'adjectif **buono** se modifie, au singulier, comme l'article indéfini.

Masculin singulier devant			**Féminin singulier devant**	
Une consonne	Une voyelle	Un **z** et un **« s impur »**	Une consonne	Une voyelle
buon	buon	buono	buona	buon'
Exemples				
un buon pesce (*un bon poisson*) un buon arrosto (*un bon rôti*) un buono zucchino (*une bonne courgette*)			una buona pasta (*de bonnes pâtes*) una buon'acqua minerale (*une bonne eau minérale*)	
Le pluriel de buono est régulier				
buoni spaghetti (*de bons spaghettis*) buoni salami (*de bons saucissons*) buoni asparagi (*de bonnes asperges*)			buone olive (*de bonnes olives*) buone feste (*de bonnes fêtes*) buone zuppe (*de bonnes soupes*)	

➢ L'adjectif **grande**

Masculin singulier devant			**Féminin singulier devant**		
Une consonne	Une voyelle	Un **z** et un **« s impur »**	Une consonne	Une voyelle	Un **z** et un **« s impur »**
gran	grande	grande	gran	grand'	grande
Exemples					
un gran negozio (*un grand magasin*) un grande albergo (*un grand hôtel*) un grande scultore (*un grand sculpteur*)			una gran casa (*une grande maison*) una grand'idea (*une grande idée*) una grande scatola (*une grande boîte*)		
Au pluriel *grandi*					
grandi palazzi (*de grands immeubles*) grandi attori (*de grands acteurs*) grandi spettacoli (*de grands spectacles*)			grandi case (*de grandes maisons*) grandi orchestre (*de grands orchestres*) grandi scatole (*de grandes boîtes*)		

➢ L'adjectif **santo**

Masculin singulier devant			**Féminin singulier devant**	
Une consonne	Une voyelle	Un **z** et un **« s impur »**	Une consonne	Une voyelle
san	sant'	santo	santa	sant'
Exemples				
san Francesco (*saint François*) sant'Agostino (*saint Augustin*) santo Stefano (*saint Étienne*)			santa Rita (*sainte Rita*) sant'Elena (*sainte Hélène*)	
Au pluriel *santi* ou *sante*				
Il 1° novembre è la festa di tutti **i santi** e anche **delle sante** (*Le 1er novembre est la fête de tous les saints et aussi des saintes*)				

VII. Comparatif et superlatif

Le comparatif peut exprimer trois types de rapport : l'égalité, la supériorité ou l'infériorité.

1) Le comparatif d'égalité

Pour comparer deux noms, on utilise **così... come** ou **tanto... quanto** (*aussi... que*). Le premier terme (**così** ou **tanto**) peut être omis.

La montagna è (**così**) bella **come** la campagna./La montagna è (**tanto**) bella **quanto** la campagna. (*La montagne est aussi belle que la campagne.*)

Firenze è (**così**) turistica **come** Venezia./Firenze è (**tanto**) turistica **quanto** Venezia. (*Florence est aussi touristique que Venise.*)

Gli spaghetti sono (**così**) buoni **come** le tagliatelle./Gli spaghetti sono (**tanto**) buoni **quanto** le tagliatelle. (*Les spaghettis sont aussi bons que les tagliatelles.*)

Pour comparer deux adjectifs, on utilise **tanto... quanto**.

La campagna è **tanto** tranquilla **quanto** piacevole. (*La campagne est aussi tranquille qu'agréable.*)

Il metrò è **tanto** rapido **quanto** economico. (*Le métro est aussi rapide qu'économique.*)

Pour comparer deux quantités, on utilise également **tanto... quanto** mais, dans ce cas, ces deux termes s'accordent avec le mot qu'ils précèdent.

Nel giardino ci sono **tante** ros**e** **quanti** garofan**i**. (*Dans le jardin il y a autant de roses que d'œillets.*)

Nella mia classe, ci sono **tanti** masch**i** **quante** femmin**e**. (*Dans ma classe, il y a autant de garçons que de filles.*)

2) Les comparatifs de supériorité et d'infériorité

Devant un nom commun, un nom propre ou un pronom, on utilise, pour indiquer la supériorité, **più... di** et, pour indiquer l'infériorité, **meno... di**.

La préposition **di** réagit comme nous l'avons vu dans le chapitre sur les « preposizioni articolate » en se contractant avec l'article adapté.

➢ Devant un nom commun.
L'oro è **più** prezioso **dell'argento**. (*L'or est plus précieux que l'argent.*)
Il gatto è **meno** fedele **del cane**. (*Le chat est moins fidèle que le chien.*)

➢ Devant un nom propre.
Roma è **più** antica **di Milano**. (*Rome est plus ancienne que Milan.*)
Marco è **meno** giovane **di Francesco**. (*Marc est moins jeune que François.*)

➢ Devant un pronom.
Silvia è **più** intelligente **di te**. (*Sylvie est plus intelligente que toi.*)
Questa borsa costa **più di quella**. (*Ce sac-ci coûte plus que celui-là.*)

➢ On peut également utiliser **più... di** ou **meno... di** devant quelques adverbes de temps, par exemple :
Sembri **più** giovane **di prima**. (*Tu as l'air plus jeune qu'avant.*)
Fa **meno** freddo **di ieri**. (*Il fait moins froid qu'hier.*)

Devant un adjectif, un adverbe, une préposition, un verbe et lorsqu'on compare des quantités, on utilise **più... che** pour indiquer la supériorité et **meno... che** pour l'infériorité.

➢ Devant un adjectif.
Sei **più** stupido **che cattivo**. (*Tu es plus bête que méchant.*)
Luisa è **meno** bella **che intelligente**. (*Louise est moins belle qu'intelligente.*)

➢ Devant un adverbe.
Lavora **più** rapidamente **che intelligentemente**. (*Il travaille plus rapidement qu'intelligemment.*)
Risponde **meno** presto **che bene**. (*Il répond moins vite que bien.*)

➢ Devant une préposition.
È **più** piacevole stare al mare **che in** città. (*C'est plus agréable d'être à la mer qu'en ville.*)
Scrivo **meno** a Cristina **che a** te. (*J'écris moins à Christine qu'à toi.*)

➢ Devant un verbe.

È **più** facile leggere **che tradurre**. (*C'est plus facile de lire que de traduire.*)

Mi piace **meno** sciare **che nuotare**. (*J'aime moins skier que nager.*)

Preferisco leggere **che guardare** la tivù. (*Je préfère – j'aime plus – lire que regarder la télé.*)

➢ Quand on compare des quantités.

Bevi **più** acqua **che** vino. (*Tu bois plus d'eau que de vin.*)

Ci sono meno giorni festivi **che** giorni feriali. (*Il y a moins de jours fériés que de jours ouvrables.*)

Mangiano **più** pasta **che** patate. (*Ils mangent plus de pâtes que de pommes de terre.*)

3) Le superlatif

Comme en français, il existe deux sortes de superlatifs : le superlatif relatif et le superlatif absolu.

A. Le superlatif relatif

Il se construit comme en français (**il più**, **i più**, **la più**, **le più/il meno**, **i meno**, **la meno**, **le meno**) et s'accorde en genre et en nombre avec l'adjectif qu'il modifie.

La più graziosa di tutte è questa ballerina. (*La plus gracieuse de toutes est cette danseuse.*)

Il più forte della classe è Matteo. (*Le plus fort de la classe, c'est Matthieu.*)

Clara è **la meno** paziente. (*Clara est la moins patiente.*)

Queste poesie sono **le più** conosciute. (*Ces poésies sont les plus connues.*)

I più bei diamanti vengono dalle miniere del Sud Africa. (*Les plus beaux diamants viennent des mines d'Afrique du Sud.*)

Questi piatti sono **i meno** saporiti. (*Ces plats sont les moins relevés.*)

Lorsque le nom est placé avant le superlatif, **on ne répète pas l'article** devant **più** ou **meno**.

L'estate è **la** stagione **più** bella. (*L'été est la saison la plus belle.*)

Mais :

La più bella stagione è l'estate. (*La plus belle saison est l'été.*)

Le ragazze **meno** sportive della classe. (*Les jeunes filles les moins sportives de la classe.*)

Il romanzo **più** venduto di quest'autore. (*C'est le roman le plus vendu de cet auteur.*)

I film **più** visti sono quelli di Fellini. (*Les films les plus vus sont ceux de Fellini.*)

B. Le superlatif absolu

Il peut se former de plusieurs façons :

➤ En faisant précéder l'adjectif ou l'adverbe de **molto** (*très, beaucoup*), qui reste invariable.

L'italiano è una lingua **molto** bella. (*L'italien est une très belle langue.*)

I tifosi sono **molto** rumorosi. (*Les supporters sont très bruyants.*)

Le modelle sono **molto** alte. (*Les mannequins sont très grands.*)

Parlano **molto** forte. (*Ils/Elles parlent très fort.*)

➤ En ajoutant le suffixe **issimo** à la fin de l'adjectif ou de l'adverbe après avoir supprimé la voyelle finale.

L'italiano è una lingua bel**lissima**. (*L'italien est une très belle langue.*)

I tifosi sono rumoros**issimi**. (*Les supporters sont très bruyants.*)

Le modelle sono alt**issime**. (*Les mannequins sont très grands.*)

Parlano fort**issimo**. (*Ils/Elles parlent très fort.*)

⚠ Lorsqu'on ajoute **issimo** à un adjectif, il faut tenir compte de son pluriel.

Quest'autobus è prat**icissimo**. (*Ce bus est très pratique.*) Ici, le pluriel de pratico est pratici.

I viaggiatori sono stan**chissimi**. (*Les voyageurs sont très fatigués.*) Ici, le pluriel de stanco est stanchi.

➤ En redoublant l'adjectif, sous réserve que le nombre de syllabes ne soit pas trop grand.

Suona **piano piano**. (*Il joue tout doucement.*)

Parla **forte forte**. (*Il parle très fort.*)

Corre **veloce veloce**. (*Il court très vite.*)

Fa **freddo freddo**. (*Il fait très froid.*)

➤ En associant, dans certains cas, deux adjectifs.

I ragazzi sono tornati **stanchi morti** dalla gita. (*Les jeunes sont revenus très fatigués/morts de fatigue de l'excursion.*)

L'autobus è **pieno zeppo** nelle ore di punta. (*L'autobus est bondé/plein à craquer aux heures de pointe.*)

➢ En ajoutant un préfixe.

- **Arci**
  Questo calciatore è diventato **arci**milionario. (*Ce footballeur est devenu multimillionnaire.*)
- **Iper**
  Questo piatto di spaghetti è **iper**calorico. (*Ce plat de spaghettis est hyper calorique.*)
- **Sovra**
  In estate, i pomodori sono **sovra**bbondanti. (*En été, les tomates sont surabondantes.*)
- **Stra**
  Questo principe è **stra**potente. (*Ce prince est tout puissant.*)
- **Super**
  I nuovi detersivi sono **super**concentrati. (*Les nouveaux détergents sont super concentrés.*)
- **Ultra**
  Le nuove macchine sono **ultra**rapide. (*Les nouvelles voitures sont ultrarapides.*)

C. Comparatifs et superlatifs irréguliers

Certains adjectifs parmi les plus courants ont un comparatif et un superlatif irréguliers.

Adjectifs	Comparatifs	Superlatifs
alto (*haut*)	superiore (*supérieur*)	supremo (*très grand, suprême*)
basso (*bas*)	inferiore (*inférieur*)	infimo (*infime*)
bene (*bien*)	meglio (*mieux*)	benissimo (*très bien*)
buono (*bon*)	migliore (*meilleur*)	ottimo (*excellent*)
cattivo (*mauvais*)	peggiore (*pire*)	pessimo (*exécrable*)
grande (*grand*)	maggiore (*plus grand, majeur*)	massimo (*très grand, maximal*)
male (*mal*)	peggio (*plus mal*)	malissimo (*très mal*)
piccolo (*petit*)	minore (*plus petit, mineur*)	minimo (*très petit, minime*)

Exemples :

Questo vino è **ottimo**. (*Ce vin est excellent.*)

È il **migliore** del ristorante. (*C'est le meilleur du restaurant.*)

Ti presento il mio fratello **maggiore** e la mia sorella **minore**. (*Je te présente mon frère aîné et ma sœur cadette.*)

VIII. Les adverbes

1) Les adverbes de manière

Pour former un adverbe, on part de l'adjectif.

➤ Lorsque, au masculin, l'adjectif se termine en **o**, on le passe au féminin et on ajoute **mente** à celui-ci.

ver**o** (*vrai*) → ver**a** (*vraie*) + **mente** ➔ **veramente** (*vraiment*)
chiar**o** (*clair*) → chiar**a** (*claire*) + **mente** ➔ **chiaramente** (*clairement*)
lung**o** (*long*) → lung**a** (*longue*) + **mente** ➔ **lungamente** (*longuement*)

➤ Lorsque l'adjectif se termine en **e** :

- Dans la plupart des cas, on ajoute tout simplement **mente** à l'adjectif.
  cortes**e** (*poli*) + **mente** ➔ **cortesemente** (*poliment*)
  grand**e** (*grand*) + **mente** ➔ **grandemente** (*grandement*)
  recent**e** (*récent*) + **mente** ➔ **recentemente** (*récemment*)

- Lorsque la consonne qui précède est un **l** ou un **r**, on supprime le **e**.
  origina**le** (*original*) → original + **mente** ➔ **originalmente** (*originalement*)
  volga**re** (*vulgaire*) → volgar + **mente** ➔ **volgarmente** (*vulgairement*)
  uti**le** (*utile*) → util + **mente** ➔ **utilmente** (*utilement*)
  regola**re** (*régulier*) → regolar + **mente** ➔ **regolarmente** (*régulièrement*)

⚠ Il existe quelques exceptions parmi lesquelles :
altr**o** (*autre*) → **altrimenti** (*autrement*)
benevol**o** (*bienveillant*) → **benevolmente** (*avec bienveillance*)
legger**o** (*léger*) → **leggermente** (*légèrement*)
medioc**re** (*médiocre*) → **mediocremente** (*médiocrement*)
mo**lle** (*mou*) → **mollemente** (*mollement*)
violent**o** (*violent*) → **violentemente** (*violemment*)

Autres adverbes de manière construits différemment :

a vicenda (*réciproquement*)
sul serio (*sérieusement*)
a memoria (*par cœur*)
del tutto (*complètement*)
con calma (*calmement*)
in fretta (*rapidement*)

2) Les adverbes de temps et de lieu

Les adverbes de temps		
a lungo (*longuement*)	intanto (*pendant ce temps*)	prima ([tout] *d'abord*)
ancora (*encore*)	mai (*jamais*)	quindi (*donc, puis*)
di solito (*d'habitude*)	oggi (*aujourd'hui*)	sempre (*toujours*)
domani (*demain*)	ora (*maintenant*)	spesso (*souvent*)
fra poco (*d'ici peu*)	ormai (*désormais*)	subito (*tout de suite*)
ieri (*hier*)	poi (*puis*)	talvolta (*parfois*)
infine (*enfin*)	presto (*tôt*)	tardi (*tard*)

Les adverbes de lieu		
altrove (*ailleurs*)	giù (*en bas*)	sopra (*dessus*)
davanti (*devant*)	in fondo (*au fond*)	sotto (*dessous*)
dentro (*dedans*)	in mezzo (*au milieu*)	su (*sur*)
dietro (*derrière*)	intorno (*autour*)	vicino (*à côté*)
fuori (*dehors*)	lontano (*loin*)	

IX. Les nombres

1) Les nombres cardinaux

A. De un à vingt

0 → zero	7 → sette	14 → quattordici
1 → uno	8 → otto	15 → quindici
2 → due	9 → nove	16 → sedici
3 → tre	10 → dieci	17 → diciassette
4 → quattro	11 → undici	18 → diciotto
5 → cinque	12 → dodici	19 → diciannove
6 → sei	13 → tredici	20 → venti

B. Les dizaines

10 → dieci	40 → quaranta	70 → settanta
20 → venti	50 → cinquanta	80 → ottanta
30 → trenta	60 → sessanta	90 → novanta

C. Les centaines et autres nombres

100 → cento	1 000 → mille	1 million → un milione
200 → duecento	2000 → duemila	2 millions → duemilioni
300 → trecento	3000 → tremila	1 milliard → un miliardo

D. Comment former un nombre à partir de vingt ?

En italien, on se contente d'attacher le chiffre de l'unité à celui de la dizaine :

22 → ventidue	97 → novantasette	239 → duecentotrentanove
36 → trentasei	110 → centodieci	1 940 → millenovecentoquaranta
55 → cinquantacinque	114 → centoquattordici	2003 → duemilatre

➢ Quelques règles à retenir :

- Lorsqu'on écrit un nombre en lettres, **on attache tous** les chiffres.
  Cristoforo Colombo ha scoperto l'America nel millequattrocentonovantadue. (*Christophe Colomb a découvert l'Amérique en 1492.*)
- Tous les chiffres et les nombres sont invariables sauf zéro et mille.

10 si scrive con uno zero. (*10 s'écrit avec un zéro.*)
100 si scrive con due zeri. (*100 s'écrit avec deux zéros.*)

- Le nombre mille a un pluriel irrégulier.
  L'Euro è diventato la moneta unica dell'Unione Europea nel duemiladue. (*L'euro est devenu la monnaie unique de l'Union européenne en 2002.*)
- À partir de 20, on supprime la voyelle finale de la dizaine avant d'attacher l'unité lorsque celle-ci commence par une voyelle (**uno** et **otto**). On écrit :
  24 → ventiquattro,
  mais :
  21 → ventuno ; 28 → ventotto ; 31 → trentuno ; 48 → quarantotto.

2) Les nombres ordinaux

A. De un à dix

primo (*premier*)
secondo (*second/deuxième*)
terzo (*troisième*)
quarto (*quatrième*)
quinto (*cinquième*)
sesto (*sixième*)
settimo (*septième*)
ottavo (*huitième*)
nono (*neuvième*)
decimo (*dixième*)

B. À partir de dix

On supprime la voyelle finale et on ajoute le suffixe **esimo/a**.
undic**i** (*onze*) → undic**esimo** (*onzième*)
ventun**o** (*vingt et un*) → ventun**esimo** (*vingt et unième*)
cent**o** (*cent*) → cent**esimo** (*centième*)
mill**e** (*mille*) → mill**esimo** (*millième*)

⚠ Les chiffres **tre** et **sei** conservent toutes leurs voyelles :
venti**sei** (*vingt-six*) → ventisei**esimo** (*vingt-sixième*)
trenta**tre** (*trente-trois*) → trentatre**esimo** (*trente-troisième*)

L'accord entre le nom et l'adjectif cardinal s'effectue comme en français.

Sei in ritardo per **la** prim**a** volt**a**. (*Tu es en retard pour la première fois.*)

I prim**i** due mes**i** non capiva niente. (*Les deux premiers mois il ne comprenait rien.*)

➢ Quelques expressions particulières :
Ho già letto i **primi tre** capitoli. (*J'ai déjà lu les* ***trois premiers*** *chapitres.*)
Domani finirò le **ultime venti** pagine. (*Demain je finirai les* ***vingt dernières*** *pages.*)
Il primo re d'Italia è Vittorio Emanuele **terzo**. (*Le premier roi d'Italie est Victor-Emmanuel* ***III.***)
Recitano la **scena terza** dell'**atto secondo**. (*Ils jouent la* ***scène trois*** *de* ***l'acte deux.***)
Siamo **in quattro** a cena. (*Nous sommes* ***quatre*** *à dîner.*)

3) L'ÂGE

Pour indiquer l'âge, on dit :
- **comme en français** :
  Quanti anni hai ? *(Quel âge as-tu ?)*
  Ho quindici anni. (*J'ai quinze ans.*)
  Ho trent'anni circa. (*J'ai trente ans environ.*)
- **à la différence du français**, on ne dit pas le mot **anni** lorsqu'il semble une évidence :
  Vado sui venti. (*Je vais sur mes vingt ans.*)
  Sono sui cinquanta. (*J'approche de la cinquantaine.*)

➢ Le suffixe **enne**
Placé à la fin d'un nombre, il forme un substantif qui indique une personne âgée de…
sessant**a** → sessant**enne** : È una sessantenne molto in gamba. (*C'est une sexagénaire très en forme.*)
sedic**i** → sedic**enne** : I sedicenni possono imparare a guidare. (*Les jeunes de seize ans peuvent apprendre à conduire.*)

4) LA DATE

Notez ces différentes tournures :
Che giorno è oggi ? (*Quel jour est-on aujourd'hui ?*) Oggi è lunedì. (*Aujourd'hui c'est lundi.*)
Quanti ne abbiamo oggi ? (*Nous sommes le combien aujourd'hui ?*) Ne abbiamo 16. (*Nous sommes le 16.*)

5) L'heure

➤ Pour demander l'heure, on peut poser l'une ou l'autre de ces questions :

Che ora è ? Che ore sono ? (*Quelle heure est-il ?*)

➤ Pour indiquer l'heure, on omet le mot « heures » **ore** et on fait précéder le chiffre des heures de l'article **le** :

Sono le due. (*Il est deux heures.*)
Sono le tre e dieci. (*Il est trois heures dix.*)
Sono le cinque e un quarto. (*Il est cinq heures et quart.*)
Sono le sei e mezzo/Sono le sei e mezza. (*Il est six heures et demie.*)
Sono le sette meno venti. (*Il est sept heures moins vingt.*)
Sono le otto meno un quarto. (*Il est huit heures moins le quart.*)
On peut dire également :
Sono le quattordici e quindici. (*Il est quatorze heures quinze.*)

⚠ **Pour une heure**, l'article est au singulier :
È l'una. (*Il est une heure.*)
È l'una e venticinque. (*Il est une heure vingt-cinq.*)
Pour midi et minuit, la tournure italienne est identique à la tournure française :
È mezzogiorno. (*Il est midi.*)
È mezzanotte. (*Il est minuit.*)

6) Les siècles

En italien, on peut utiliser deux tournures pour indiquer les siècles.
➤ Comme en français :
il sedicesimo secolo (*le seizième siècle*)
il ventesimo secolo (*le vingtième siècle*)
➤ Du treizième au vingtième siècle, l'italien préfère utiliser la centaine et dire :
Il quattrocento va dal 1400 al 1499. (*Le quinzième siècle va de 1400 à 1499.*)
L'unità italiana si è fatta durante l'ottocento. (*L'unité italienne s'est faite pendant le dix-neuvième siècle.*)

X. Les démonstratifs

À l'aide du démonstratif, on peut désigner, dans le temps ou dans l'espace, les objets ou personnes dont on parle.

Il existe deux démonstratifs : **questo** (*celui-ci*) et **quello** (*celui-là*). Ils font fonction d'adjectif ou de pronom selon le cas.

1) Questo

Il indique un objet ou une personne qui est proche de nous dans le temps ou dans l'espace.

➢ Lorsqu'il est employé comme *adjectif*, **questo** s'accorde en genre et en nombre avec le nom qu'il qualifie.

Mi sono divertito a quest**a** festa. (*Je me suis amusé à cette fête.*)

Quest**o** stadio accoglie cinquantamila spettatori. (*Ce stade accueille cinquante mille spectateurs.*)

Quest**i** fiori sono profumati. (*Ces fleurs sont parfumées.*)

Quest**e** turiste hanno fretta. (*Ces touristes sont pressées.*)

⚠ Au masculin ou au féminin singulier, si **questo** se trouve placé devant une voyelle, on l'élide. On dit :

Questo ragazzo è ricco. (*Ce garçon est riche.*) Mais :

Quest'uomo è ricco. (*Cet homme est riche.*)

Questa teoria è interessante. (*Cette théorie est intéressante.*) Mais :

Quest'idea è interessante. (*Cette idée est intéressante.*)

➢ Lorsqu'il est employé comme *pronom*, **questo** s'emploie seul et on ne l'élide jamais.

Quale vestito scegli ? Scelgo **questo**. (*Quel vêtement choisis-tu ? Je choisis celui-ci.*)

Quale immagine vuoi ? **Questa**. (*Quelle image veux-tu ? Celle-ci.*)

Quali dischi vuoi comprare ? **Questi**. (*Quels disques veux-tu acheter ? Ceux-ci.*)

Quali rose ti piacciono di più ? **Queste**. (*Quelles roses préfères-tu ? Celles-ci.*)

⚠ **Notez les expressions suivantes**

Stamattina au lieu de **questa mattina** :

Stamattina mi sono alzato presto. (*Ce matin je me suis levé tôt.*)

Stasera au lieu de **questa sera** :

Stasera usciamo insieme. (*Ce soir nous sortons ensemble.*)

Stanotte au lieu de **questa notte** :
Stanotte si vedono le stelle. (*Cette nuit on voit les étoiles.*)

2) Quello

Il indique un objet ou une personne qui est loin de nous dans le temps ou dans l'espace. Il change de forme, comme une **preposizione articolata** et se calque sur les formes de l'article défini.

<table>
<tr><th colspan="5">Masculin</th><th colspan="3">Féminin</th></tr>
<tr><th colspan="3">Singulier</th><th colspan="2">Pluriel</th><th colspan="2">Singulier</th><th>Pluriel</th></tr>
<tr><td>il</td><td>l'</td><td>lo</td><td>i</td><td>gli</td><td>la</td><td>l'</td><td>le</td></tr>
<tr><td>quel</td><td>quell'</td><td>quello</td><td>quei</td><td>quegli</td><td>quella</td><td>quell'</td><td>quelle</td></tr>
<tr><td colspan="3">Mi era piaciuto quel film. (J'avais aimé ce film-là.)
Quell'albergo era situato bene. (Cet hôtel-là était bien situé.)
Hanno demolito quello stadio. (Ils ont démoli ce stade-là.)</td><td colspan="2">Quei fiori non crescono bene. (Ces fleurs-là ne poussent pas bien.)
in quegli anni (dans ces temps-là)</td><td colspan="2">Ti ricordi quella festa ? (Tu te souviens de cette fête-là ?)
Mi piace respirare quell'aria marina. (J'aime respirer cet air marin.)</td><td>Quelle artiste sono famose. (Ces artistes-là sont célèbres.)</td></tr>
</table>

➢ Lorsqu'il est employé comme *pronom*, **quello** s'emploie seul et ne s'élide jamais.

Avevi già visitato una città come **quella** ? (*Tu avais déjà visité une ville comme celle-là ?*)

Quale disco vuoi ascoltare ? **Quello** ? (*Quel disque veux-tu écouter ? Celui-là ?*)

Quelli di ieri erano meno cari. (*Ceux d'hier étaient moins chers.*)

Quelle che mi piacciono sono le città medievali. (*Celles qui me plaisent, ce sont les villes médiévales.*)

Quest'idea è migliore di **quella**. (*Cette idée-ci est meilleure que cette idée-là*).

XI. Le possessif

1) L'ADJECTIF POSSESSIF

A. Généralités

Il précède le mot qu'il accompagne et s'accorde en genre et en nombre avec celui-ci. Il est généralement accompagné de l'article défini.

Masculin		Féminin	
Singulier	Pluriel	Singulier	Pluriel
il **mio** orologio *ma montre*	i **miei** occhiali *mes lunettes*	la **mia** casa *ma maison*	le **mie** valigie *mes valises*
il **tuo** posto *ta place*	i **tuoi** bambini *tes enfants*	la **tua** camera *ta chambre*	le **tue** idee *tes idées*
il **suo** ufficio *son bureau*	i **suoi** gatti *ses chats*	la **sua** amica *son amie*	le **sue** alunne *ses élèves*
il **nostro** giardino *notre jardin*	i **nostri** cani *nos chiens*	la **nostra** città *notre ville*	le **nostre** riviste *nos revues*
il **vostro** amico *votre ami*	i **vostri** genitori *vos parents*	la **vostra** macchina *votre voiture*	le **vostre** montagne *vos montagnes*
il **loro** lavoro *leur travail*	i **loro** vestiti *leurs vêtements*	la **loro** scuola *leur école*	le **loro** lettere *leurs lettres*

⚠ **Deux points à retenir :**

➤ Les adjectifs possessifs **i miei**, **i tuoi** et **i suoi** ont une forme particulière qu'il convient de ne pas oublier.

➤ **Loro** est *invariable*. La seule façon de connaître son genre et son nombre est de regarder l'article et la terminaison du nom qui l'accompagnent systématiquement.

il loro can**e** (*leur chien*) ; **i** loro can**i** (*leurs chiens*)

Ainsi que nous l'avons annoncé précédemment, *on met toujours l'article devant l'adjectif possessif.* Par exemple : **il mio** letto (*mon lit*).

Il existe toutefois une exception à cette règle : elle concerne les adjectifs possessifs placés devant les noms de parenté qui, au singulier, n'acceptent pas l'article. Ainsi on dit, pour ne citer que les plus courants :

XI. Le possessif

Sans article			
Nom au singulier seul			
Masculin		Féminin	
mio padre	*mon père*	mia madre	*ma mère*
mio figlio	*mon fils*	mia figlia	*ma fille*
mio fratello	*mon frère*	mia sorella	*ma sœur*
mio marito	*mon mari*	mia moglie	*ma femme*
mio nonno	*mon grand-père*	mia nonna	*ma grand-mère*
mio zio	*mon oncle*	mia zia	*ma tante*
mio cugino	*mon cousin*	mia cugina	*ma cousine*

Ces mêmes noms accompagnés d'un qualificatif, modifiés par un suffixe, ou encore au pluriel retrouvent obligatoirement l'article.

Avec article					
Nom au pluriel		Accompagné d'un adjectif		Modifié par un suffixe	
		il mio severo padre	*mon père sévère*	**il mio** papà/ babbo	*mon papa*
		la mia cara madre	*ma chère mère*	**la mia** mamma	*ma maman*
i miei cugini **le mie** cugine	*mes cousins* *mes cousines*	**il mio** giovane-cugino	*mon jeune cousin*	**il mio** cuginetto	*mon petit cousin*
i miei figli	*mes fils/ mes enfants*	**il mio** figlio unico	*mon fils unique*	**il mio** figliolino	*mon petit garçon*
le mie figlie	*mes filles*	**la mia** figlia minore	*ma fille cadette*	**la mia** figlioccia	*ma filleule*
i miei fratelli	*mes frères*	**il mio** fratello maggiore	*mon frère aîné*	**il mio** fratellastro	*mon demi-frère*
le mie sorelle	*mes sœurs*	**la mia** gentile sorella	*ma gentille sœur*	**la mia** sorellina	*ma petite sœur*
		il mio secondo marito	*mon second mari*	**il mio** maritino	*mon petit mari*
		la mia cara moglie	*ma chère femme*	**la mia** mogliettina	*ma petite femme*

i miei nonni	*mes grands-parents/ mes grands-pères*	**il mio** nonno paterno	*mon grand-père paternel*	**il mio** bis-nonno	*mon arrière-grand-père*
le mie nonne	*mes grands-mères*	**la mia** vecchia nonna	*ma vieille grand-mère*	**la mia** non-nina	*ma mémé/ mamie*
i miei zii **le mie** zie	*mes oncles mes tantes*	**la mia** zia americana	*ma tante d'Amérique/ américaine*	**la mia** zietta	*ma tatie*

⚠ **Loro**, invariable, est toujours accompagné de l'article.
la loro madre (*leur mère*), **il loro** zio (*leur oncle*), **la loro** sorella (*leur sœur*), etc.

Le possessif peut également être précédé :
➤ D'un adjectif démonstratif.
Ci presenta **questo suo** nuovo romanzo. (*Il nous présente son nouveau roman.*)
➤ D'un adjectif indéfini.
Mi presta **alcuni suoi** appunti. (*Il me prête quelques-unes de ses notes.*)
Ogni tuo sforzo è inutile. (*Chacun de tes efforts est inutile.*)
➤ D'un article indéfini ; dans ce cas, bien sûr, on ne met pas l'article défini.
un nostro commesso (*un de nos vendeurs*), **una mia** amica (*une de mes amies*), **un tuo** parente (*un de tes parents*)
➤ D'un nombre.
Ha invitato **due sue** colleghe. (*Il a invité deux de ses collègues.*)

Il est possible de supprimer l'article :
➤ Lorsqu'on s'adresse à quelqu'un.
mia cara (*ma chère*), cari amici **miei** (*mes chers amis*)
➤ Dans quelques exclamations.
Dio **mio** ! (*Mon Dieu !*) Mamma **mia** ! (*Oh ! la la !*), Madonna **mia** ! (*Mon Dieu ! – Sainte Vierge !*) Amore **mio** ! (*Mon amour !*) Figlio **mio** ! (*Mon fils !*)
➤ Dans quelques expressions, si le possessif suit le nom.
è colpa **tua** (*c'est de ta faute*), a casa **mia** (*chez moi*), a parer **mio**, (*selon moi*), a modo **tuo** (*à ta façon*), a spese **mie** (*à mes dépens*), per merito **vostro** (*grâce à vous*)

➢ Avec les titres **Sua** Eccellenza (*Son Excellence*), **Sua** Maestà (*Sa Majesté*), **Sua** Santità (*Sa Sainteté*).

➢ En apposition à un nom.

Livio, **mio** collega, è arrivato prima di me. (*Livio, mon collègue, est arrivé avant moi.*)

⚠ **Emploi particulier :**

Abito ancora con **i miei**. (*J'habite encore chez mes parents.*)

➢ Pour indiquer la possession, on dit :

Di chi è questa moto? È **mia**. (*À qui est cette moto? À moi.*)

➢ Lorsque l'adjectif possessif se rapporte à la personne qui parle, on ne l'indique pas devant les parties du corps, membres de la famille, objets personnels :

Ho perso l'ombrello. (*J'ai perdu mon parapluie.*)

Vado dalla sorella. (*Je vais chez ma sœur.*)

Mais :

Vado con Mario da **sua** sorella. (*Je vais avec Mario chez sa sœur.*)

Metto il cappotto. (*Je mets mon manteau.*)

Mais :

Metto il suo cappotto perché non trovo il mio. (*Je mets son manteau parce que je ne trouve pas le mien.*)

B. Proprio

Lorsque le sujet de la phrase est indéfini, on peut utiliser l'adjectif possessif **proprio**.

Ognuno presenta **i propri** documenti. (*Chacun présente ses papiers.*)

Tutti pensano **al proprio** interesse. (*Tous pensent à leur propre intérêt.*)

Ognuno pulisce **la propria** camera. (*Chacun nettoie sa chambre.*)

Nessuno lascia **le proprie** cose in giro. (*Personne ne laisse ses affaires traîner.*)

➢ Pour marquer l'insistance, à la 3e personne, on utilise **proprio**.

Si prende **la propria** macchina. (*On prend sa propre voiture.*)

2) Le pronom possessif

Les pronoms possessifs ont la même forme que les adjectifs possessifs.

la nostra camera (*notre chambre*) *et* Questa camera è **la nostra**. (*Cette chambre est la nôtre.*)

Il est possible d'omettre l'article.

È **suo** questo posto ? No, non è **suo**. (*Cette place est-elle à lui ? Non, ce n'est pas la sienne.*)

⚠ Emploi particulier

Vado in campeggio con **i miei**. (*Je vais en camping avec ma famille/mes parents.*)

XII. Les pronoms personnels

Ils changent de forme selon leur fonction.

1) Les pronoms personnels sujets

Singulier				Pluriel			
		Masculin	Féminin			Masculin	Féminin
io	tu	lui esso egli	lei essa ella	noi	voi	loro essi	loro esse

En général, on ne les emploie pas car la terminaison des verbes indique à elle seule la personne.

Ascolt**o** volentieri musica. (*J'écoute volontiers de la musique.*)

Ascolt**ate** volentieri musica. (***Vous** écoutez volontiers de la musique.*)

On ne les utilisera donc que :

➤ Pour lever toute ambiguïté.

Sembra che **tu** guardi troppo la tivù. (*Il semble que tu regardes trop la télé.*)

Sembra che **lui** guardi troppo la tivù. (*Il semble qu'il regarde trop la télé.*)

Lui dorme, **lei** ascolta la radio e i figli ? **Loro** giocano a calcio. (*Il dort, elle écoute la radio et les enfants ? Ils jouent au foot.*)

➤ Pour insister et/ou indiquer une opposition.

Tu parli e **io** ascolto. (***Toi tu** parles et **moi** j'écoute.*)

Lei compra e **lui** paga. (***Elle, elle** achète et **lui, il** paye.*)

➤ Lorsqu'il y a une inversion.

Ci andate **voi**. (***C'est vous** qui y allez.*)

Pronto chi parla ? Sono **io** ! (*Allô, qui est-ce ? **C'est moi** !*)

2) Les pronoms personnels réfléchis

Singulier			Pluriel		
mi	ti	si	ci	vi	si
Mi alzo. (*Je me lève.*)	Ti vesti. (*Tu t'habilles.*)	Si riposa. (*Il/Elle se repose.*)	Ci salutiamo. (*Nous nous saluons.*)	Vi conoscete. (*Vous vous connaissez ?*)	Si svegliano. (*Ils/Elles se réveillent.*)

3) Les pronoms personnels compléments d'objet direct

Singulier		Pluriel	
mi *me*	ti *te*	ci *nous*	vi *vous*
Troisième personne			
Masculin	Féminin	Masculin	Féminin
lo *le*	la *la*	li *les*	le *les*

Mi saluta ogni mattina. (*Il/Elle me dit bonjour tous les matins.*)

Vi accompagna a fare la spesa. (*Il/Elle vous accompagne pour faire les courses.*)

Seuls les pronoms de la troisième personne changent.

Visito la mostra. (*Je visite l'exposition.*) → **La** visito. (*Je la visite.*)

Offro i fiori. (*J'offre les fleurs.*) → **Li** offro. (*Je les offre.*)

Guardo le vetrine. (*Je regarde les vitrines.*) → **Le** guardo. (*Je les regarde.*)

Bevo un caffè. (*Je bois un café.*) → **Lo** bevo. (*Je le bois.*)

4) Les pronoms personnels compléments d'objet indirect

Singulier		Pluriel	
mi *me*	ti *te*	ci *nous*	vi *vous*
Troisième personne			
Masculin	Féminin	Masculin	Féminin
gli *lui*	le *lui*	loro *leur*	

Ti telefono appena sono arrivata. (*Je te téléphone dès que je suis arrivée.*)

Non **ci** ha nemmeno mandato una cartolina. (*Il/Elle ne nous a même pas envoyé une carte postale.*)

Comme pour les pronoms COD, seuls les pronoms de la troisième personne diffèrent.

Parlo a Franco. (*Je parle à François.*) → **Gli** parlo. (*Je **lui** parle.*)

Offri un gelato alla sorellina. (*Tu offres une glace à ta petite sœur.*) → **Le** offri un gelato. (*Tu **lui** offres une glace.*)

Ubbidite ai genitori. (*Vous obéissez à vos parents.*) → Ubbidite **loro**. (*Vous **leur** obéissez.*)

Leggo la favola alle bambine. (*Je lis le conte de fées aux petites filles.*) → Leggo **loro** la favola. (*Je **leu**r lis le conte de fées.*)

⚠ **Loro**, invariable, est toujours placé après le verbe.

À ces pronoms, il faut ajouter le pronom indirect **ne** (*en*).

Parli del film. (*Tu parles du film.*) → **Ne** parli. (*Tu **en** parles.*)

⚠ Cas particulier : **ci** et **vi** peuvent également traduire *y*.

Vado a casa. (*Je vais à la maison.*) **Ci** vado. (*J'y vais.*)

5) LES PRONOMS PERSONNELS FORME FORTE

Ils se placent après une préposition.

<table>
<tr><th colspan="2">Singulier</th><th colspan="2">Pluriel</th></tr>
<tr><td>me
moi</td><td>te
toi</td><td>noi
nous</td><td>voi
vous</td></tr>
<tr><th colspan="4">Troisième personne</th></tr>
<tr><th>Masculin</th><th>Féminin</th><th>Masculin</th><th>Féminin</th></tr>
<tr><td rowspan="2">lui
lui</td><td rowspan="2">lei
elle</td><td colspan="2">loro</td></tr>
<tr><td>*eux*</td><td>*elles*</td></tr>
</table>

Vieni **con me**. (*Tu viens avec moi.*)

Parlo **a lui** non **a lei**. (*C'est à lui que je parle, pas à elle.*)

Si occupano sempre **di noi**. (*Ils/Elles s'occupent toujours de nous.*)

⚠ La troisième personne du singulier ou du pluriel utilise la forme forte réfléchie qui renvoie au sujet du verbe.

Compra una cravatta per suo padre. (*Il achète une cravate pour son père.*) La compra per **lui**. (*Il l'achète pour lui.*)

Mais :

Si compra una cravatta. (*Il s'achète une cravate.*) La compra per **sé**. (*Il l'achète pour lui-même.*)

È un egoista, pensa solo a **sé**. (*C'est un égoïste, il ne pense qu'à lui.*)

Sono egoisti, parlano solo di **sé**. (*Ils sont égoïstes, ils ne parlent que d'eux-mêmes.*)

6) Place des pronoms personnels

Le pronom personnel se place généralement avant le verbe.
Compro un **cd**. (*J'achète un CD.*) → Lo compro. (*Je l'achète.*)

Dans certains cas, il doit être placé après le verbe.

➤ **Loro** se met toujours directement après le verbe.

Porta soccorso ai feriti. (*Il porte secours aux blessés.*) → Porta **loro** soccorso. (*Il **leur** porte secours.*)

➤ C'est également le cas des verbes conjugués à un mode impersonnel (infinitif, gérondif, impératif, participe passé).

- À l'infinitif, on supprime le **e** final avant d'attacher le pronom personnel.
  Bisogna parlare dell'incidente. (*Il faut parler de l'accident.*) → Bisogna parlar**ne**. (*Il faut en parler.*)
- Devo confessarl**o**. (*Je dois l'avouer.*)
- Au gérondif, on dit : dicendo**lo** (*en le disant*) ; parlando**gli** (*en lui parlant*) ; facendo**la** (*en la faisant*).
- À l'impératif :
  Parla**mi** ! (*Parle-moi !*) Non dir**lo** ! *Ne le dis pas !*) Diamo**gli** un regalo ! (*Donnons-lui un cadeau !*)
- Pour le participe passé :
  Finita la partita, il bambino torna a casa. (*Le match terminé, l'enfant rentre à la maison.*) → Finita**la**, torna a casa. (*L'ayant terminé il rentre à la maison.*)

⚠ Lorsqu'un verbe est monosyllabique, on redouble la consonne du pronom personnel avant de l'attacher au verbe.

Di' ! (*Dis !*) Di**mmi** ! (*Dis-moi !*) Fa ! (*Fais !*) Fa**llo** ! (*Fais-le !*) Dà ! (*Donne !*) Da**lle** ! (*Donne-lui !*)

Gli ne suit pas cette règle : il a déjà deux consonnes :
Di**gli** ! (*Dis-lui !*) Da**gli** ! (*Donne-lui !*)
Va a casa ! (*Va à la maison !*) Va**cci** ! (*Vas-y !*)

7) Les pronoms personnels groupés

Si on utilise deux pronoms personnels compléments dans la même phrase, **mi, ti, si, ci**, et **vi** suivis de **lo, la, li, le, ne** voient leur **i** altéré en **e**.

Mi dà il libro. (*Il me donne le livre.*) **Me lo** dà. (*Il me le donne.*)
Vi spedisco una lettera. (*Je vous envoie une lettre.*) **Ve la** spedisco. (*Je vous l'envoie.*)

⚠ L'ordre attribué à ces pronoms personnels *ne vaut pas* pour le **si** qui indique *on* (cf. chap. XXV, « Traduction de "on" »).
Se lo domanda. (*Il se le demande.*)
Mais :
Lo si domanda alla guida. (*On le demande au guide.*)

➤ Les pronoms personnels se placent avant le verbe.
Ti affida una missione. (*Il te confie une mission.*) **Te la** affida. (*Il te la confie.*)
Si lava le mani. (*Il se lave les mains.*) **Se le** lava. (*Il se les lave.*)
Ci lanciano i coriandoli. (*Ils/Elles nous lancent des confettis.*) **Ce li** lanciano. (*Ils/Elles nous les lancent.*)
Vi rimprovera il ritardo. (*Il/Elle vous reproche votre retard.*) **Ve lo** rimprovera. (*Il/Elle vous le reproche.*)
Mi offre un po' di vino. (*Il/Elle m'offre un peu de vin.*) **Me ne** offre. (*Il/Elle m'en offre.*)

➤ Les pronoms personnels sont placés, et attachés, après le verbe si ce dernier est conjugué à un mode impersonnel (cf. paragraphe précédent).
Dovete ripeter**celo**. (*Vous devez nous le répéter.*)
Mandando**mele**. (*En me les envoyant.*)
Dobbiamo ripeter**vela**. (*Nous devons vous la répéter.*)

⚠ Cas particulier de **loro** : il ne s'attache jamais à aucun autre pronom et reste toujours placé immédiatement après le verbe :
Dà **loro** il libro. (*Il/Elle leur donne le livre.*) **Lo** dà **loro**. (*Il/Elle le leur donne.*)

➤ Les pronoms de la troisième personne du singulier.
Placés avant ou après le verbe, ils ne forment plus qu'un groupe pronominal **glielo**, **gliela**, **glieli**, **gliele**, **gliene**. Seul le pronom COD change.

Do la mano **al bambino**. *Je donne la main au petit garçon.*	Gli do la mano. *Je lui donne la main.*	**Gliela** do. *Je la lui donne.*
Do la mano **alla bambina**. *Je donne la main à la petite fille.*	Le do la mano. *Je lui donne la main.*	**Gliela** do. *Je la lui donne.*
Presento gli amici **alla mamma**. *Je présente mes amis à maman.*	Le presento gli amici. *Je lui présente mes amis.*	**Glieli** presento. *Je les lui présente.*

Compra le caramelle **al figlio**. *Il/Elle achète des bonbons à son fils.*	Gli compra le caramelle. *Il/Elle lui achète des bonbons.*	**Gliele** compra. *Il/Elle les lui achète.*
Ordina pane **al cameriere**. *Il/Elle commande du pain au serveur.*	Gli ordina pane. *Il/Elle lui commande du pain.*	**Gliene** ordina. *Il/Elle lui en commande.*
Devi fare un regalo **a Paolo**. *Tu dois faire un cadeau à Paul.*	Devi fargli un regalo. *Tu dois lui faire un cadeau.*	Devi far**glielo**. *Tu dois le lui faire.*
Fa dolci **a Maria** ! *Fais des gâteaux à Marie !*	Falle dolci ! *Fais-lui des gâteaux !*	Fa**gliene** ! *Fais-lui-en !*
Dicendo la verità **al maestro**. *En disant la vérité au maître.*	Dicendogli la verità. *En lui disant la vérité.*	Dicendo**gliela**. *En la lui disant.*

⚠ Même si cela peut paraître discutable, on trouve maintenant, de plus en plus souvent, la forme **gli** pour **loro**. Par exemple : **gli parlo** (*je lui parle* **ou** *je leur parle*).

XIII. Les pronoms relatifs

Le pronom relatif permet d'introduire une subordonnée du même nom. Il existe plusieurs pronoms relatifs et chacun a une fonction bien définie.

➤ Le pronom relatif sujet **che** (*qui*).
Il renvoie au sujet de la phrase.
La commessa **che** serve è cortese. (*La vendeuse qui sert est polie.*)
Il treno **che** parte è in orario. (*Le train qui part est à l'heure.*)

➤ Le pronom relatif complément d'objet direct **che** (*que*).
Il renvoie au complément d'objet direct de la phrase.
La pasta **che** cucino è al dente. (*Les pâtes que je prépare sont fermes.*)
Ecco gliamici **che** aspetto. (*Voilà les amis que j'attends.*)

⚠ Attention : *qui* et *que* se traduisent tous les deux par **che**.

➤ Le pronom relatif complément de nom **cui**.
Il est invariable et toujours suivi d'un verbe.
Il libro **di cui** parliamo ha avuto un premio. (*Le livre dont nous parlons a eu un prix.*)
La ragazza **a cui** mando la cartolina è una vicina. (*La jeune fille à laquelle j'envoie une carte postale est une voisine.*)
Il parco **in cui** passeggio è fiorito. (*Le parc dans lequel je me promène est fleuri.*)
Il tavolino **su cui** ho posato gli occhiali. (*La petite table sur laquelle j'ai posé mes lunettes.*)
Il motivo **per cui** ti chiamo è urgente. (*Le motif pour lequel je t'appelle est urgent.*)

➤ Le pronom relatif complément de nom **il quale**.
Il peut remplacer le pronom **cui** mais alors il s'accorde en genre et en nombre avec le nom qu'il remplace.
Il libro **del quale** parlo è un giallo. (*Le livre dont je parle est un roman policier.*)
Gli amici **dai quali** vado hanno una casa al mare. (*Les amis chez qui je vais ont une maison à la mer.*)
La camera **nella quale** dormo dà sul giardino. (*La chambre où je dors donne sur le jardin.*)
Il divano **sul quale** mi sono addormentato è comodo. (*Le divan sur lequel je me suis endormi est confortable.*)

È la classe **con la quale** faccio una gita scolastica. (*C'est la classe avec laquelle je fais un voyage scolaire.*)

Sono le ragioni **per le quali** ti telefono. (*Ce sont les raisons pour lesquelles je te téléphone.*)

➢ Cas particulier : le pronom relatif *dont* suivi d'un nom.

On utilise cui précédé de l'article :

Carlo, **il cui padre** è severo, non puo' uscire. (*Charles, dont le père est sévère ne peut pas sortir.*)

Il libro, **le cui immagini** sono scolorite, era di mia nonna. (*Le livre dont les images sont décolorées était à ma grand-mère.*)

La città, **la cui piazza** ha la forma di una conchiglia, è Siena. (*La ville dont la place a la forme d'une coquille est Sienne.*)

⚠ Le pronom *où* se traduit différemment selon s'il indique le temps ou le lieu.

➢ Pour indiquer le temps, on utilise uniquement **in cui**.

L'anno **in cui** ci siamo conosciuti. (*L'année où nous nous sommes rencontrés.*)

➢ Pour indiquer le lieu, on utilise **in cui** ou **dove**.

La camera **dove/in cui** dormo. (*La chambre où je dors.*)

Le relatif **chi** (*celui qui*) s'utilise exclusivement pour traduire ce pronom.

Conto **su chi** mi può aiutare. (*Je compte sur celui qui peut m'aider.*)

Ricorda **chi** ti pensa. (*Souviens-toi de celui qui pense à toi.*)

Chi va piano va sano e va lontano. (*Celui qui va doucement va sûrement et va loin.*)

XIV. La quantité

1) Adjectifs et adverbes indéfinis

Les adjectifs et adverbes indéfinis de quantité – **alcuno** et **nessuno** (*aucun*), **molto** et **tanto** (*beaucoup de*), **parecchio** (*pas mal de*), **poco** (*peu de*), **troppo** (*trop de, de nombreux*), **tutto** (*tout*) – n'ont pas la même fonction et réagissent différemment selon qu'ils sont placés devant un nom ou un adjectif.

➤ Placés devant un nom, ils s'accordent.

Molta gente entra nei negozi. (*Beaucoup de gens entrent dans les magasins.*)

Tanti turisti visitano i musei. (*Beaucoup de touristes visitent les musées.*)

Ho ricevuto **molte cartoline**. (*J'ai reçu beaucoup de cartes postales.*)

C'è **molto vento**. (*Il y a beaucoup de vent.*)

Compro **poche riviste**. (*J'achète peu de revues.*)

Hanno **pochi amici**. (*Ils ont peu d'amis.*)

Mangi **troppa pasta**. (*Tu manges trop de pâtes.*)

Sei rimasto **troppo tempo** al sole. (*Tu es resté trop de temps au soleil.*)

Ci sono **parechie pizzerie** in centro città. (*Il y a pas mal de pizzerias au centre-ville.*)

Resterò **parecchio tempo** all'estero. (*Je resterai pas mal de temps à l'étranger.*)

Abbiamo **parecchi giorni** di ferie. (*Nous avons pas mal de jours de vacances.*)

Non ho **nessuna voglia** di lavorare. (*Je n'ai aucune envie de travailler.*)

Nessun' idea mi sembra nuova. (*Aucune idée ne me semble nouvelle.*)

Nessun autobus passa oggi. (*Aucun autobus ne passe aujourd'hui.*)

Nessun cliente ha scelto l'antipasto. (*Aucun client n'a choisi les hors-d'œuvre.*)

Nessuno sportivo ha stabilito un nuovo primato. (*Aucun sportif n'a établi un nouveau record.*)

Mi piacciono **tutte** le **caramelle**. (*J'aime tous les bonbons.*)
Ci vado **tutti** i **giorni**. (*J'y vais tous les jours.*)

Ogni (*tous, chaque*) est invariable, exception faite du nom **Ognissanti** (*la Toussaint*).
Mi telefona **ogni** giorno. (*Il/Elle me téléphone chaque jour/tous les jours.*)
Ogni volta mi racconti le stesse storie. (*Chaque fois/Toutes les fois tu me racontes les mêmes histoires.*)

➤ Placés devant un adjectif, ou après un verbe, ils ont une fonction d'adverbe et restent invariables.
La torre è **molto** alt**a**. (*La tour est très haute.*)
Queste canzoni sono **tanto** popolar**i**. (*Ces chansons sont très populaires.*)
La strada è **troppo** lung**a**. (*La route est trop longue.*)
Questi testi sono **parecchio** difficil**i** da capire. (*Ces textes sont très difficiles à comprendre.*)
Le trasmissioni sono **poco** interessant**i**. (*Les émissions sont peu intéressantes.*)

Mangia **poco** di sera. (*Il/Elle mange peu le soir.*)
I turisti spendono **parecchio**. (*Les touristes dépensent pas mal.*)

⚠ Particularité des adjectifs indéfinis **qualche/alcuni** et **alcune** (*quelques*) : si leur signification est la même, leur construction est différente. **Alcuni/e** s'accorde avec le nom qu'il qualifie, **qualche** est toujours suivi du singulier.

Alcuni/Alcune		Qualche
Ho mangiato **alcuni** gelat**i**.	*J'ai mangé quelques glaces.*	Ho mangiato qualche gelat**o**.
Alcune citt**à** sono inquinate.	*Quelques villes sont polluées.*	Qualche citt**à** è inquinata.
Alcuni pesc**i** sono saporiti.	*Quelques poissons sont savoureux.*	Qualche pesc**e** è saporito.
Alcune volt**e** esco da solo.	*Quelquefois, je sors seul.*	Qualche volt**a** esco da solo.

➤ Autres adjectifs indéfinis :
- **certo** (*certain*)
  Un **certo Bianchi** ha telefonato. (*Un certain monsieur Bianchi a téléphoné.*)

C'è una **certa** differenza di prezzi. (*Il y a une certaine différence de prix.*)
Certe **sere** vado a letto presto. (*Certains soirs je vais me coucher tôt.*)
Certi giorni non sopporto il rumore. (*Certains jours je ne supporte pas le bruit.*)

- **altro** (*autre*)
  Ci andrò un' **altra** volta. (*J'irai une autre fois.*)
  Resteremo **altre** due settimane. (*Nous resterons deux autres semaines.*)
  Ho anche **altri** amici. (*J'ai aussi d'autres amis.*)

- **qualsiasi**, **qualunque** (invariables) (*quelconque*)
  Oggi è una giornata **qualunque**. (*Aujourd'hui est un jour quelconque.*)
  Leggerò **qualsiasi** romanzo. (*Je lirai n'importe quel roman.*)

2) Autres adverbes et locutions adverbiales de quantité

assai (*très, beaucoup*)	Questo ragazzo è **assai** intelligente. (*Ce garçon est très intelligent.*) Ti piacciono **assai** i gialli. (*Tu aimes beaucoup les romans policiers.*)
abbastanza (*assez*)	C'è **abbastanza** pasta per tutti. (*Il y a assez de pâtes pour tout le monde.*)
circa/quasi/pressapoco (*presque, environ*)	Sono le tre **circa**. (*Il est trois heures environ.*) Ho aspettato **quasi** un'hora. (*J'ai attendu presque une heure.*)
così (*tellement*)	Sono **così** felici insieme. (*Ils sont tellement heureux ensemble.*)
pour modifier un verbe : **di più** (*davantage*) **di meno** (*moins*)	I giovani leggono **di più**. (*Les jeunes lisent davantage.*) Non ti posso dare **di meno**. (*Je ne peux pas te donner moins.*)
meno (*moins*)	C'è **meno** traffico oggi. (*Il y a moins de circulation aujourd'hui.*)
più (*plus*)	C'è **più** gente nei mezzi pubblici. (*Il y a plus de monde dans les transports en commun.*)
più o meno (*plus ou moins*)	Hanno risposto **più o meno** tutti. (*Ils ont répondu tous plus ou moins.*)

sempre meno (*de moins en moins*)	C'è **sempre meno** gente all'opera. (*Il y a de moins en moins de gens à l'opéra.*)
sempre più (*de plus en plus*)	Ci sono **sempre più** biciclette in città. (*Il y a de plus en plus de bicyclettes en ville.*)
solo, **soltanto**, **solamente** (*seulement*)	Restiamo **solo** una settimana. (*Nous restons seulement une semaine.*) Ho preso **soltanto** un panino e una birra. (*J'ai pris seulement un sandwich et une bière.*) Si tratta **solamente** di un errore. (*Il s'agit seulement d'une erreur.*)
un poco, **un po'** [*un peu*]	Dammi **un poco** di questa torta. (*Donne-moi un peu de ce gâteau.*) Ne mangerò **un po'**. (*J'en mangerai un peu.*)

XV. Les prépositions

Ce chapitre étudie les prépositions qui changent de sens selon l'usage que l'on en fait. En ce qui concerne les autres prépositions, elles ne présentent pas de problèmes grammaticaux et il suffit de consulter un dictionnaire.

Si nécessaire, ces prépositions se contracteront avec l'article défini.

1) A

Très utilisée, on l'emploie pour exprimer :

➢ **Un complément d'objet indirect**
Chiedo aiuto agli amici. (*Je demande de l'aide à mes amis.*)
Scrivo alla nonna. (*J'écris à ma grand-mère.*)
Spiego a tutti. (*J'explique à tout le monde.*)

➢ **La distance**
Il negozio è a cento metri. (*Le magasin est à cent mètres.*)

➢ **Un lieu**
È nato a Siena. (*Il est né à Sienne.*)
Lavora al supermercato. (*Il/Elle travaille au supermarché.*)
C'è la posta a sinistra. (*Il y a la poste à gauche.*)
Si trova all'ospedale. (*Il/Elle est à l'hôpital.*)

➢ **La manière, le moyen**
spaghetti alla carbonara (*spaghettis à la carbonara*)
Come vai a scuola ? A piedi ? (*Comment vas-tu à l'école ? À pied ?*)
Parla a voce alta. (*Il/Elle parle à voix haute.*)

➢ **Un mouvement**
Vado a Firenze (*Je vais à Florence*)/al mare (*à la mer*)/alla stazione (*à la gare*)/allo stadio (*au stade*)…

➢ **Le temps**
a mezzogiorno (*à midi*)/alle cinque (*à cinq heures*)/a Pasqua (*à Pâques*)
Me lo dici all'inizio o alla fine. (*Tu me le dis au début ou à la fin.*)

On la place également :

➢ **Après les verbes de mouvement** lorsqu'ils sont suivis d'un infinitif
Scende a chiudere il cancello. (*Il/Elle descend fermer le portail.*)
Va a prendere un caffè. (*Il/Elle va prendre un café.*)
Vieni a vedere ! (*Viens voir !*)

➢ **Après certains verbes**
Prova a parlare piano. (*Il/Elle essaie de parler doucement.*)
Si ferma a far benzina. (*Il/Elle s'arrête pour faire le plein d'essence.*)

On la trouve aussi dans des expressions comme :
a bocca aperta (*bouche bée*), a casa (*à la maison*), a letto (*au lit*), a teatro (*au théâtre*), a scuola (*à l'école*).

Ou encore après certaines prépositions :
➢ **accanto a/vicino a** (*à coté de/près de*)
Vieni accanto a me. (*Viens près de moi.*)
L'edicola è vicino all'ufficio postale. (*Le kiosque à journaux est à côté du bureau de poste.*)
➢ **davanti a** (*devant*)
Davanti a casa mia c'è la fermata dell'autobus. (*Devant chez moi, il y a l'arrêt de bus.*)
➢ **dietro a** (*derrière*)
Dietro al mercato, c'è una buona pizzeria. (*Derrière le marché, il y a une bonne pizzeria.*)
➢ **di fronte a** (*en face de*)
Ci ritroviamo di fronte alla statua del Davide. (*On se retrouve en face de la statue du « David ».*)
➢ **in cima a** (*au sommet de*)
La tavola di orientamento è in cima a questa salita. (*La table d'orientation est en haut de cette montée.*)
➢ **in fondo a** (*au fond de*)
In fondo al corridoio, c'è la porta dell'ufficio. (*Au fond du couloir, il y a la porte du bureau.*)

2) Con

On l'emploie pour indiquer :
➢ **L'accompagnement**
Con chi esci ? (***Avec** qui sors-tu ?*)
Mi piace molto il risotto coi funghi porcini. (*J'aime beaucoup le risotto **aux** cèpes.*)
➢ **La cause**
Con questa pioggia, ho dovuto stare a casa. (***Avec** cette pluie, j'ai dû rester à la maison.*)
Coi figli malati, non posso andare al cinema. (***Avec** les enfants malades, je ne peux pas aller au cinéma.*)
➢ **La manière**
Guidi con prudenza. (*Tu conduis **avec** prudence.*)
Vengo con piacere. (*Je viens **avec** plaisir.*)
➢ **Le moyen**
Parto con il treno delle due. (*Je pars **par** le train de deux heures.*)

Ci vado con l'autobus. (*J'y vais* **en** *autobus.*)
Che cosa vuoi fare **con** questo? (*Que veux-tu faire* **avec** *ça ?*)

3) Da

On l'utilise pour indiquer :

➢ **Le but ou l'usage**

Ho comprato occhiali da sole. (*J'ai acheté des lunettes* **de** *soleil.*)
la sala da pranzo (*la salle* **à** *manger*)
Non si usano più le macchine da scrivere. (*On n'utilise plus les machines* **à** *écrire.*)

➢ **La caractéristique**

Una ragazza dai capelli ricci e dagli occhi azzurri. (*Une jeune fille* **aux** *cheveux bouclés et* **aux** *yeux bleus.*)
Non piangere, comportati da uomo! (*Ne pleure pas, comporte-toi* **en** *homme !*)
Cosa farai da grande? (*Que feras-tu* **quand tu seras** *grand ?*)

➢ **La cause**

Tremo dalla paura che ho avuto quel giorno. (*Je tremble encore* **de** *la peur que j'ai eue ce jour-là.*)
Ride dalla gioia che prova a vincere. (*Il/Elle rit* **de** *la joie qu'il/elle ressent à gagner.*)
L'uccello è morto dal freddo che ha fatto quest'inverno. (*L'oiseau est mort* **à cause du** *froid qu'il a fait cet hiver.*)

➢ **Le complément d'agent**

È sgridato dalla mamma. (*Il est grondé* **par** *sa mère.*)
La casa è progettata dall'architetto. (*La maison est projetée* **par** *l'architecte.*)

➢ **La durée**

Ti aspetto da un'ora! (*Je t'attends* **depuis** *une heure !*)
Da quanto tempo vivete a Roma? (**Depui**s *combien de temps vivez-vous à Rome ?*)
Ci siamo da un anno. (*Nous y sommes* **depuis** *un an.*)

➢ **Le lieu d'où l'on vient, le point de départ, la différence, l'éloignement** dans le temps ou dans l'espace

Da dove vieni? (**D'***où viens-tu ?*)
Guardi dalla finestra. (*Tu regardes* **par** *la fenêtre.*)
Uscite dal negozio. (*Vous sortez* **du** *magasin.*)
Dalle due alle tre ho lezione d'italiano. (**De** *deux heures à trois heures j'ai cours d'italien.*)
Adesso i figli vivono lontano da casa. (*Maintenant les enfants vivent loin* **de** *la maison.*)

La mia macchina è diversa dalla tua. (*Ma voiture est différente* **de** *la tienne.*)

➢ **La valeur**

Vorrei un francobollo da 1,50 €. (*Je voudrais un timbre* **à** *1,50 €.*)

Hai già visto un biglietto da 200 €? (*As-tu déjà vu un billet* **de** *200 €?*)

Non è roba da poco. (*Ce n'est pas un objet de peu* **de** *valeur.*)

➢ **L'obligation**

Ho da lavare i piatti. (*Je* **dois** *faire la vaisselle.*)

(Cf. chap. XXIII, « Obligation et nécessité ».)

➢ **La corrélation** ***de... à***

Dall'inizio alla fine (**du** *début* **à** *la fin*)

Conta da uno a venti ! (*Compte* **de** *un* **à** *vingt !*)

Da Siena a Firenze, il pullman corre veloce. (**De** *Sienne* **à** *Florence, l'autocar roule vite.*)

➢ **Da** permet également de traduire **chez**

Abito dai nonni. (*J'habite* **chez** *mes grands-parents.*)

Vai dal medico. (*Tu vas* **chez** *le médecin.*)

Vengono da noi a pranzo. (*Ils/Elles viennent* **chez** *nous pour le déjeuner.*)

⚠ Da ne s'élide jamais : da ieri (*depuis hier*) ;
Vado da Anna. (*Je vais chez Anne.*)

4) Di

On l'emploie pour indiquer :

➢ **L'appartenance**

Di chi è questa macchina? (*À qui est cette voiture?*) È di Paolo. (*C'est à Paul.*)

la finestra del soggiorno (*la fenêtre du salon*)

i giorni della settimana (*les jours de la semaine*)

le chiavi di casa (*les clefs de la maison*)

➢ **La cause**

Tremo di paura. (*Je tremble de peur.*)

Muoio di sete. (*Je meurs de soif.*)

È pazzo di gioia. (*Il est fou de joie.*)

➢ **La comparaison** (voir chap. VII, « Comparatif et superlatif »)

Sono più alto di te. (*Je suis plus grand que toi.*)

È il più intelligente della classe. (*Il est le plus intelligent de la classe.*)

➢ **Le contenu**

Berrei volentieri una tazza di tè. (*Je boirais volontiers une tasse de thé.*)

Mi dai un bicchiere di latte per favore? (*Est-ce que tu me donnes un verre de lait, s'il te plaît?*)

Il gatto ha rovesciato la brocca d'acqua. (*Le chat a renversé le broc d'eau.*)

➤ **La matière**

Mi ha regalato un braccialetto d'oro. (*Il/Elle m'a offert un bracelet en or.*)

D'inverno, indosso un vestito di lana. (*L'hiver je porte un vêtement de laine.*)

Compro solo borse di cuoio. (*J'achète seulement des sacs à main en cuir.*)

➤ **Le moyen**

Il cielo è coperto di nuvole. (*Le ciel est couvert de nuages.*)

Come sono belli questi alberi pieni di fiori! (*Comme ces arbres pleins de fleurs sont beaux!*)

Fai sempre le cose di nascosto! (*Tu fais toujours les choses en cachette!*)

➤ **L'origine**

Di dove siete? (*D'où êtes-vous?*)

Siamo di Bologna. (*Nous sommes de Bologne.*)

➤ **La quantité**

Ho comprato un pollo di due chili. (*J'ai acheté un poulet de deux kilos.*)

➤ **Le temps**, lorsqu'on veut indiquer une généralité

Di sera leggo un po'. (*Le soir, je lis un peu.*)

Non guido di notte. (*Je ne conduis pas la nuit.*)

D'inverno fa buio presto. (*En hiver, il fait nuit tôt.*)

On peut également la trouver :

➤ **Après certains verbes suivis de l'infinitif**

Affermo di dire quello che so. (*J'affirme dire [que je dis] ce que je sais.*)

Aggiungo di odiare l'iprocrisia. (*J'ajoute haïr [que je hais] l'hypocrisie.*)

Confesso di partire prima della fine. (*J'avoue partir avant la fin.*)

Credo di sapere. (*Je crois savoir.*)

Mi accorgo di aver dimenticato il tuo compleanno. (*Je me rends compte que j'ai oublié ton anniversaire.*)

Mi pare di/mi sembra di dovere intervenire. (*Il me semble devoir intervenir/que je doive intervenir.*)

Penso di comprare il pane. (*Je pense à acheter le pain.*)

Spero di farcela. (*J'espère y arriver.*)

Vi assicuro di aver sentito lo sparo. (*Je vous assure avoir entendu la détonation.*)

➢ **Pour traduire certaines expressions**

dare del Lei o dare del tu (*vouvoyer ou tutoyer*)

Dico di sì. (*Je dis que oui.*)

Sei esperto di problemi economici. (*Tu es expert en problèmes économiques.*)

Mi ha dato dell'ignorante. (*Il/Elle m'a traité d'ignorant.*)

Sa di muffa ! (*Ça sent le moisi !*)

di moda (*à la mode*)

➢ **En corrélation avec « in »**

Viaggiano di paese in paese. (*Ils//Elles voyagent de pays en pays.*)

Di quando in quando vanno dai nonni. (*De temps en temps ils/elles vont chez leurs grands-parents.*)

⚠ Di peut s'élider : un bicchiere d'acqua (*un verre d'eau*).

5) Différence entre *di* et *da*

On a tendance à confondre ces deux prépositions. Elles ne sont cependant pas interchangeables et répondent à des règles strictes.

da	di
Origine	**Appartenance**
Da dove venite ? (*D'où venez-vous ?*) Veniamo **dal** supermercato. (*Nous venons du supermarché.*)	**Di dove** siete ? (*D'où êtes-vous ?*) Siamo **della** Liguria. (*Nous sommes de Ligurie.*)
Contenant, Destination	**Contenu, Usage**
Ho comprato tazze **da** tè. (*J'ai acheté des tasses à thé.*) la carta **da** lettere (*le papier à lettres*)	Bevo una tazza **di** tè. (*Je bois une tasse de thé.*) la buca **delle** lettere (*la boîte aux lettres*)

Dans d'autres cas, on les utilise avec ou sans article.

da avec l'article	di sans l'article
Devant un nom précédé d'un article ou accompagné d'une éventuelle précision	**Devant un nom, seul, non précédé d'un article**
È uscita **dalla** scuola materna. (*Elle est sortie de l'école maternelle.*) Esco **dalla** casa dei nonni. (*Je sors de la maison de mes grands-parents.*)	È uscita **di** scuola. (*Elle est sortie de l'école.*) Esco **di** casa. (*Je sors de la maison.*)

Indique l'agent	Indique le moyen
I muri sono coperti **dagli** affreschi di Giotto. (*Les murs sont recouverts par les fresques de Giotto.*) È morto **dalla** sete che ha avuto nel deserto. (*Il est mort de la soif qu'il a eue dans le désert.*)	I muri sono coperti **di** manifesti. (*Les murs sont couverts d'affiches.*) Nel deserto si può morire **di** sete. (*Dans le désert, on peut mourir de soif.*)

⚠ Placés devant un adverbe de lieu, on dit : Di dove sei ? (*D'où es-tu ?*) Da dove vieni ? (*D'où viens-tu ?*)

6) In

Elle indique :

➢ **Le lieu**

Passo il fine settimana in campagna o in montagna. (*Je passe la fin de la semaine à la campagne ou à la montagne.*)

In che via abiti ? Abito in via Roma. (*Dans quelle rue habites-tu ? J'habite rue de Rome.*)

Dove sei, in cucina o nel soggiorno ? (*Où es-tu, dans la cuisine ou dans le salon ?*)

Per le ferie vado in Sardegna. (*Pour les vacances, je vais en Sardaigne.*)

Stassera si va in pizzeria. (*Ce soir, on va à la pizzeria.*)

Non giocare nella strada ! (*Ne joue pas dans la rue !*)

➢ **La manière**

Vorrei vivere in pace. (*Je voudrais vivre en paix.*)

Andate avanti in silenzio ! (*Avancez en silence !*)

Parli in italiano o in dialetto ? (*Tu parles en italien ou en dialecte ?*)

➢ **Le moyen**

Mi piace andare in bicicletta. (*J'aime faire de la bicyclette.*)

Vai a Roma in treno o in aereo ? (*Tu vas à Rome en train ou en avion ?*)

➢ **La quantité**

In quanti siete ? (*Combien êtes-vous ?*)

Siamo in quattro. (*Nous sommes quatre.*)

➢ **Le temps**

Sono arrivato in anticipo. (*Je suis arrivé en avance.*)

Nell'estate 2003 faceva molto caldo. (*L'été 2003, il faisait très chaud.*)

In due mesi ho fatto progressi. (*En deux mois, j'ai fait des progrès.*)

Nelle ore di punta c'è molta gente. (*Aux heures de pointe, il y a beaucoup de monde.*)

Negli anni settanta (*dans les années 1970*)

7) Per

On l'utilise pour indiquer :

➢ **Le but**

Manifestiamo per la pace. (*Nous manifestons* ***pour*** *la paix.*)

C'è un comodino per le scarpe. (*Il y a un petit meuble* ***à*** *chaussures.*)

Ti chiamo per informarti. (*Je t'appelle* ***pour*** *te mettre au courant.*)

➢ **La cause**

Chiuso per ferie. (*Fermé* ***pour*** *congés.*)

Agisci per interesse. (*Tu agis* ***par*** *intérêt.*)

➢ **La durée**

Ho aspettato per venti minuti. (*J'ai attendu* ***pendant*** *vingt minutes.*)

Il viaggio dura per tutto il pomeriggio. (*Le voyage dure tout l'après-midi.*)

➢ **Le lieu**

Passo per Firenze. (*Je passe* ***par*** *Florence.*)

Il bambino è caduto per terra. (*L'enfant est tombé* ***par*** *terre.*)

Si sono incontrati per strada. (*Ils se sont rencontrés* ***dans*** *la rue.*)

➢ **La manière**

L'ho ritrovato per caso. (*Je l'ai retrouvé* ***par*** *hasard.*)

Mettilo per iscritto. (*Mets-le* ***par*** *écrit.*)

➢ **Le moyen**

Oggi non si comunica più per posta o per telefono, tutti lo fanno per e-mail. (*Aujourd'hui, on ne communique plus* ***par*** *courrier ou* ***par*** *téléphone, tout le monde la fait* ***par*** *e-mail.*)

➢ **Le temps**

Arriverò per le tre. (*J'arriverai* ***pour*** *trois heures.*)

Saremo pronti per domani. (*Nous serons prêts* ***pour*** *demain.*)

Vado dai miei per Natale. (*Je vais dans ma famille* ***pour*** *Noël.*)

8) Su

Elle indique :

➢ **L'approximation**

Costa sui 200 euro. (*Cela coûte* ***environ*** *200 euros.*)

Ho sui vent'anni. (*J'ai* ***environ*** *vingt ans.*)

Questo prosciutto pesa sui tre chili. (*Ce jambon pèse* ***dans*** *les trois kilos.*)

➢ **Le lieu**

Mi metto sul divano o sulla poltrona. (*Je me mets* ***sur*** *le divan ou* ***dans*** *le fauteuil.*)

C'è gente sull'autobus. (*Il y a du monde* ***dans*** *l'autobus.*)

Cammina sul marciapiede! (*Marche* ***sur*** *le trottoir!*)

Mettiti sulla destra! (*Mets-toi* ***à*** *droite!*)

➢ **La manière**

Mi hai fatto un vestito su misura. (*Tu m'as fait une robe* ***sur*** *mesure.*)

Torte gelate su ordinazione (*gâteaux glacés* ***sur*** *commande*)

Il medico riceve solo su appuntamento. (*Le médecin ne reçoit que* ***sur*** *rendez-vous.*)

9) Tra et fra

Ces deux prépositions sont **interchangeables** et **ne se contractent pas** avec l'article défini.

Entre	Parmi
Qu'il s'agisse de lieu ou de temps	
Passiamo tra le montagne. (*Nous passons* ***entre*** *les montagnes.*) Tra Sicilia e Calabria c'è lo Stretto di Messina. (***Entre*** *la Sicile et la Calabre, il y a le détroit de Messine.*) Si scopre il cielo fra gli alberi. (*On aperçoit le ciel* ***entre*** *les arbres.*) Quale gusto scegli tra fragola e lampone? (***Entre*** *fraise et framboise, quel parfum choisis-tu?*) Fra di noi è un po' pazzo! (***Entre*** *nous, il est un peu fou!*) Alza la voce e non parlare tra i denti! (*Parle plus fort et ne parle pas* ***entre*** *les dents!*)	Ho trovato un fumetto tra i libri. (*J'ai trouvé une bande dessinée* ***parmi*** *les livres.*) Questo francobollo è fra i più rari. (*Ce timbre est* ***parmi*** *les plus rares.*) Non l'ho visto tra gli invitati. (*Je ne l'ai pas vu* ***parmi*** *les invités.*) Chi è il più bravo fra di voi? (*Qui est le plus gentil* ***parmi*** *vous?*) Fra gli animali, il cane è il più fedele. (***Parmi*** *les animaux, le chien est le plus fidèle.*) Che film hai visto fra i molti che sono usciti? (*Quel film as-tu vu* ***parmi*** *les nombreux qui sont sortis?*)
Dans (pour exprimer une action temporelle future)	
Il film finisce tra qualche minuto. (*Le film se termine* ***dans*** *quelques minutes.*) Parto fra tre giorni. (*Je pars* ***dans*** *trois jours.*) Vado a dormire fra poco. (*Je vais dormir* ***dans*** *peu de temps.*)	
Quelques traductions particulières	
Fra me e te non mi piace affatto. (***De*** *toi* ***à*** *moi, je ne l'aime pas du tout.*) Il prossimo pedaggio è tra cento metri. (*Le prochain péage est* ***à*** *trois cents mètres.*) C'è un'area di servizio tra due chilometri. (*Il y a une aire de repos* ***dans*** *deux kilomètres.*)	

XVI. L'expression du temps

1) Généralités

Il existe différentes façons d'exprimer le temps en fonction du moment où l'action se déroule.

➢ **Da** (*depuis*) indique la durée.

Da quanti anni abiti in Italia? (*Depuis combien d'années habites-tu en Italie?*)

Da quando sei a Torino? (*Depuis quand es-tu à Turin?*)

Studio l'italiano **da** sei mesi. (*J'étudie l'italien depuis six mois.*)

Aspettavo **da** un paio di ore quando è arrivato. (*J'attendais depuis une heure ou deux quand il est arrivé.*)

➢ **Fa** (*il y a*) indique une action qui s'est déroulée dans le passé et qui est terminée au moment où l'on parle. Il est invariable et toujours placé après l'unité de temps qu'il indique.

Sono andati a Milano due mesi **fa**. (*Ils sont allés à Milan il y a deux mois.*)

Un anno **fa**, ho trascorso l'estate in Calabria. (*Il y a un an, j'ai passé l'été en Calabre.*)

➢ **Fra** (*dans*) exprime une action projetée dans un futur plus ou moins proche.

Arriverà **fra** dieci minuti. (*Il arrivera dans dix minutes.*)

Il film comincia **fra** poco. (*Le film commence d'ici peu.*)

Ci andrei volentieri **fra** un anno. (*J'irai volontiers dans un an.*)

➢ **Entro** (*d'ici*) indique un délai plus ou moins bref.

Devo finire di pagare **entro** la fine del mese. (*Je dois finir de payer d'ici la fin du mois.*)

Entro tre anni, sono laureato. (*D'ici trois ans j'ai la licence.*)

Entro domenica, dobbiamo finire questo lavoro. (*D'ici dimanche nous devons finir ce travail.*)

2) Le passé proche

En français on utilise l'expression *venir de*.

È **appena** partito. (*Il* ***vient*** *de partir.*)

Era **appena** uscito di casa. (*Il* ***venait*** *de sortir de chez lui.*)

È partito **poco fa**. (*Il* ***vient*** *de partir.*)

Era uscito di casa **poco prima**. (*Il* ***venait*** *de sortir de chez lui.*)

⚠ **poco fa** s'emploie avec un verbe au passé composé, **poco prima** avec un verbe au plus-que-parfait.

3) Le futur proche

En français, on utilise le verbe *aller*; en italien, on construira la phrase avec **stare per** suivis de l'**infinitif**.

Sto per partire. (*Je* ***vais*** *partir.*)

Stavi per uscire quando il telefono squillò. (*Tu* ***allais*** *sortir quand le téléphone a sonné.*)

⚠ À retenir : les verbes **andare** ou **venire** indiquent uniquement un mouvement et ne peuvent en aucun cas être utilisés pour exprimer le temps.

On peut également traduire le futur proche par les expressions :
Ora ci vado. (*Je vais y aller.*)
Adesso ci vado. (*Je vais y aller.*)
Adesso vengo ! (*J'arrive !*)

4) La forme progressive *être en train de*

Elle se traduit par le verbe **stare** suivi du **gérondif**.
Che cosa **stai facendo** ? (*Qu'est-ce que tu es en train de faire ?*)
L'autobus **stava partendo**. (*L'autobus était en train de partir.*)

XVII. La personne de politesse

En italien, le vouvoiement passe généralement par la personne de politesse, **persona di cortesia**. Bien sûr, dans certaines régions, il est possible de **dare del voi** (*vouvoyer*) une personne pour laquelle on éprouve du respect. Mais, la plupart du temps, **voi** est le pluriel de **tu** et indique un certain nombre de personnes

Pour vouvoyer quelqu'un, l'italien utilise la troisième personne du féminin singulier, partant du principe qu'est systématiquement sous-entendu *Sa Seigneurie.*

⚠ Afin de ne pas confondre la personne de politesse avec les pronoms de la troisième personne, on met une majuscule, **même en milieu de phrase ou de mot** : Posso chiamarLa domani ? (*Je peux* ***vous*** *appeler demain ?*)

➢ Le pronom sujet, mis pour *Sa Seigneurie*, est obligatoirement le pronom **Lei** féminin. Il peut être sous-entendu.

Lei scend**e** alla prima fermata. (***Vous*** *descendez au premier arrêt.*)

Dove va ? (*Où allez-**vous** ?*)

Prendo un caffè, e **Lei** ? (*Je prends un café, et* ***vous*** *?*)

➢ Le pronom réfléchi s'accorde avec le sujet à la troisième personne et devient **Si**.

Come **Si** sente, Signore ? (*Comment vous sentez-**vous**, monsieur ?*)

Come **Si** chiama, Signora ? (*Comment vous appelez-vous, madame ?*)

A che ora **Si** alz**ano** ? (*À quelle heure* ***vous*** *levez-**vous** ?*) (On s'adresse alors à au moins deux personnes.)

➢ Les adjectifs et pronoms possessifs sont aussi ceux de la troisième personne : **il Suo/la Sua/i Suoi/le Sue**.

La Sua macchina è stata aggiustata. (***Votre*** *voiture a été réparée.*)

Le Sue prime impressioni sembrano buone. (***Vos*** *premières impressions semblent bonnes.*)

I Suoi vestiti sono stirati. (***Vos*** *vêtements sont repassés.*)

Suo marito ha telefonato. (***Votre*** *mari a téléphoné.*)

È **suo** questo mazzo di chiavi ? (*C'est à* ***vous,*** *ce trousseau de clefs ?*)

Sono **Suoi** questi bagagli ? (*Ce sont* ***vos*** *bagages ?*)

➢ Le pronom complément d'objet direct est celui de la troisième personne au féminin : **La**.

Non **La** sento bene, può ripetere ? (*Je ne* ***vous*** *entends pas bien, pouvez-vous répéter ?*)

IncontrandoLa al ricevimento, L'ho riconosciuta subito ! (*Lorsque je vous ai rencontrée à la réception, je vous ai reconnue tout de suite !*)

➤ Le pronom complément d'objet indirect suit la même règle et est donc **Le**.

Il film **Le** piace ? (***Vous** aimez le film ?*)

Posso **offrirLe** cioccolatini ? (*Puis-je **vous** offrir des chocolats ?*)

➤ La forme forte utilisée est **Lei**.

Veniamo con **Lei** fino alla stazione. (*Nous venons avec **vous** jusqu'à la gare.*)

L'ho comprato per **Lei**. (*Je l'ai acheté pour **vous**.*)

➤ L'accord de l'adjectif avec la personne à qui l'on parle se fait au masculin ou au féminin, selon la personne à qui l'on parle, en dépit de l'emploi d'un **Lei** dans la même phrase.

Signo**re**, è content**o** della **Sua** camera ? (*Monsieur, êtes-**vous** content de **votre** chambre ?*)

Signo**ra**, è contenta dell**a** **Sua** camera ? (*Madame, êtes-**vous** contente de **votre** chambre ?*)

➤ Au passé composé, l'accord se fait avec la personne dont on parle.

Lei è tornat**o** presto ! (*Vous êtes vite rentr**é** !*)

Lei è tornat**a** presto ! (*Vous êtes vite rentr**ée** !*)

➤ Pour donner un ordre ou un conseil, il n'existe pas de troisième personne à l'impératif. On va pallier ce manque en utilisant la troisième personne du subjonctif présent.

Aspett**i** ! (*Attendez !*)

Si alz**i** ! (*Levez-vous !*)

Vada piano ! (*Allez doucement !*)

Mi **dica** ! (*Dites-moi !*)

Mi **dia** i **Suoi** documenti ! (*Donnez-moi vos papiers !*)

Facci**a** attenzione ! (*Faites attention !*)

Finisc**a** con calma ! (*Finissez tranquillement !*)

Signori, veng**ano** con me ! (*Messieurs, venez avec moi !*)

Signore, si accomod**ino** ! (*Mesdames, installez-vous !*)

XVIII. Les conjonctions

Il existe deux catégories de conjonctions : coordination et subordination.

1) Les conjonctions de coordination

On les utilise pour relier entre eux des mots ou des propositions et exprimer :

➤ L'addition

e	*et*	Ho un fratello e una sorella. (*J'ai un frère et une sœur.*)
anche	*aussi*	Leggo anche gialli. (*Je lis aussi des romans policiers.*)
pure	*quand même*	Trovo pure il tempo di uscire. (*Je trouve quand même le temps de sortir.*)

➤ La liaison

inoltre	*en outre, de plus*	Non mi piace il mare, inoltre non so nuotare. (*Je n'aime pas la mer, de plus je ne sais pas nager.*)

➤ La négation

né	*ni*	Non bevo né vino né aperitivo. (*Je ne bois ni vin ni apéritif.*)
neanche **neppure** **nemmeno**	*même pas* *non plus*	Non vieni neanche tu. (*Toi non plus tu ne viens pas.*) Non sono neppure venuti oggi. (*Ils ne sont même pas venus aujourd'hui.*) Non verranno nemmeno domani. (*Ils ne viendront pas demain non plus.*)

➤ L'alternative

o	*ou*	Vuoi ravioli o lasagne ? (*Veux-tu des raviolis ou des lasagnes ?*)
oppure	*ou bien*	Bevi un caffè oppure un cappuccino ? (*Tu bois un café ou bien un cappuccino ?*)
sia… sia	*soit… soit*	Mangia una frutta sia la mela, sia la pera. (*Mange un fruit, soit une pomme, soit une poire.*)
così… come **tanto… quanto**	*aussi… que*	Viaggiare con l'aereo è tanto rapido quanto comodo. (*Voyager en avion est aussi rapide que confortable.*) (Voir les comparatifs.)

XVIII. Les conjonctions

non solo… ma (anche)	*non seulement… mais (aussi)*	Verranno non solo tuo fratello ma anche la tua cognata. (*Non seulement ton frère mais aussi ta belle-sœur viendront.*)

➤ La conclusion

allora	*alors*	Fa caldo allora aspetto il fresco per uscire. (*Il fait chaud, alors j'attends la fraîcheur pour sortir.*)
dunque	*donc*	C'è la fila dunque aspetto. (*Il y a la queue, donc j'attends.*)
infine	*finalement*	Qual è infine il significato di questa discussione? (*Quel est finalement le sens de cette discussion?*)
perciò **pertanto**	*c'est pourquoi*	Sei in ritardo perciò me ne vado. (*Tu es en retard, c'est pourquoi je m'en vais.*) Questa città è antica pertanto è turistica. (*Cette ville est antique, c'est pourquoi elle est touristique.*)
quindi	*donc, par conséquent*	Penso quindi sono. (*Je pense donc je suis.*)
sicché	*si bien que*	Tutti comprano questo CD sicché è esaurito. (*Tout le monde achète ce CD si bien qu'il est épuisé.*)

➤ L'explication

perché	*parce que*	Mi arrabbio perché non rispondi. (*Je me fâche parce que tu ne réponds pas.*)
cioè **ossia**	*c'est-à-dire*	È venuto ieri cioè martedì. (*Il est venu hier, c'est-à-dire mardi.*) Ho da fare ossia lavare e stirare. (*J'ai à faire, c'est-à-dire laver et repasser.*)
vale a dire	*cela veut dire*	Capisci subito quel che dico, vale a dire che sei intelligente. (*Tu comprends tout de suite ce que je dis, cela veut dire que tu es intelligent.*)
infatti **difatti** **in effetti**	*en effet*	Infatti sono arrivato in ritardo. (*En effet, je suis arrivé en retard.*) Difatti non c'era più nessuno. (*En effet, il n'y avait plus personne.*) In effetti erano già andati via. (*En effet, ils étaient déjà partis.*)

➤ L'introduction

dapprima	*d'abord*	Voglio dapprima che tu mi ascolti. (*Je veux tout d'abord que tu m'écoutes.*)
innanzitutto	*avant tout*	Innanzitutto vorrei ringraziarvi. (*Avant tout, je voudrais vous remercier.*)

➤ L'opposition

anzi	*et même, bien plus, mieux*	Sono felice, anzi felicissima. (*Je suis heureuse, et même très heureuse.*)
d'altronde	*d'ailleurs*	D'altronde era previsto. (*D'ailleurs c'était prévu.*)
del resto	*du reste*	Del resto non ci vado. (*Du reste je n'y vais pas.*)
eppure	*et pourtant*	Eppure si muove. (*Et pourtant elle tourne.*)
invece di	*au lieu de*	Invece di guardarmi, aiutami ! (*Au lieu de me regarder, aide-moi !*)
ma	*mais*	Non gridare ma parla ! (*Ne crie pas mais parle !*)
mentre	*alors que*	Mentre mi preparavo il telefono squillò. (*Alors que je me préparais, le téléphone sonna.*)
però	*pourtant cependant*	Pari sincero però non ti credo. (*Tu sembles sincère, pourtant je ne te crois pas.*)
piuttosto che	*plutôt que*	Agisci piuttosto che criticare ! (*Agis plutôt que de critiquer !*)
tuttavia	*toutefois*	È in ritardo, tuttavia lo aspetto. (*Il est en retard, toutefois je l'attends.*)

2) Les conjonctions de subordination

Il existe deux sortes de conjonctions. Elles se construisent avec l'indicatif ou le subjonctif.

A. Avec l'indicatif

Les plus répandues expriment :

➤ La cause

dato che	*étant donné que*	Dato che hai capito continuo. (*Étant donné que tu as compris, je continue.*)
perché	*parce que*	Faccio la spesa perché non c'è più niente. (*Je fais les courses parce qu'il n'y a plus rien.*)
poiché	*puisque*	Poiché ci sei possiamo andare. (*Puisque tu es là, nous pouvons y aller.*)
siccome	*comme*	Siccome è tardi, torno a casa. (*Comme il est tard, je rentre chez moi.*)
visto che	*vu que*	Visto che me lo chiedi te lo dico. (*Vu que tu me le demandes, je te le dis.*)

➤ La concession

anche se	*même si*	Non te lo dico anche se me lo chiedi. (*Je ne te le dis pas, même si tu me le demandes.*)

XVIII. Les conjonctions

➢ Une déclaration

che	*que*	Ti dico che sbagli. (*Je te dis que tu te trompes.*)
come	*comme*	Sai come sono ! (*Tu sais comme ils sont !*)

➢ L'hypothèse

se	*si*	Se piove andiamo al cinema. (*S'il pleut, on va au cinéma.*)

➢ Une interrogation

dove	*où*	Chi sa dove sono andati ? (*Qui sait où ils sont allés ?*)
quando	*quand*	Mi sai dire quando parti ? (*Sais-tu me dire quand tu pars ?*)
se	*si*	Sai se è aperto ? (*Tu sais si c'est ouvert ?*)

➢ Une limite

eccetto che	*excepté que, sauf que*	Devo alzarmi eccetto che non ho voglia. (*Je dois me lever sauf que je n'ai pas envie.*)

➢ Une objection

allorché	*alors que*	Esci allorché piove. (*Tu sors alors qu'il pleut.*)
mentre	*tandis que*	Lavoro mentre ti diverti. (*Je travaille tandis que tu t'amuses.*)

➢ Une opposition

anziché invece di	*au lieu de*	Anziché/invece di giocare, studia ! (*Au lieu de jouer, étudie !*)
piuttosto che	*plutôt que*	Agisci piuttosto che aspettare ! (*Agis plutôt que d'attendre !*)

B. Avec le subjonctif

Elles expriment :

➢ Un but

affinchè	*afin que*	Te lo dico affinché lo sappia. (*Je te le dis afin que tu le saches.*)
perché	*pour que*	Ti informo perché non faccia errori. (*Je t'informe pour que tu ne fasses pas d'erreur.*)
di modo che	*de façon que*	Mettono altoparlanti di modo che tutti sentano. (*Ils mettent des haut-parleurs de façon que tout le monde entende.*)

➢ Une comparaison

come se quasi + subjonctif imparfait	*comme si*	Si comporta come se **fosse** il capo. (*Il se comporte comme s'il était le chef.*) Mi parli quasi **fossi** un cane ! (*Tu me parles comme si j'étais un chien !*)
più di quanto	*plus que*	Non spendere più di quanto tu possa guadagnare. (*Ne dépense pas plus que ce que tu peux gagner.*)

➢ Une concession

benché nonostante sebbene malgrado	*bien que* *quoique*	Fanno il bagno nonostante/benché faccia freddo. (*Ils/Elles se baignent bien qu'il fasse froid.*) Sebbene/malgrado sia tardi, c'è gente fuori. (*Bien qu'il soit tard, il y a des gens dehors.*)
anche se	*même si*	Uscirei ogni giorno anche se piovesse. (*Je sortirais tous les jours même s'il pleuvait.*)

➢ Une condition

a condizione che a patto che	*à condition que*	Vengo anch'io a patto che/a condizione che dividiamo il conto. (*Je viens, moi aussi, à condition qu'on partage l'adition.*)
basta che	*il suffit que*	Basta che tu me lo dia. (*Il suffit que tu me le donnes.*)
purché	*pourvu que*	Te lo presto purché me lo restituisca. (*Je te le prête pourvu que tu me le rendes.*)
qualora	*au cas où*	Qualora tu venissi prenderei la macchina. (*Au cas où tu viendrais, je prendrais la voiture.*)
se	*si*	Se accendesse il televisore lo sentirei. (*S'il allumait la télé, je l'entendrais.*)
semmai	*si jamais*	Semmai lo incontrassi lo riconoscerei. (*Si jamais je le rencontrais, je le reconnaîtrais.*)

➢ Une limite

senza che	*sans que*	È uscito senza che tu lo sappia. (*Il est sorti sans que tu le saches.*)
a meno che	*à moins que*	Vado per i negozi a meno che siano chiusi. (*Je vais dans les magasins à moins qu'ils ne soient fermés.*)

➢ Le temps

prima che	*avant que*	Alzati prima che la sveglia suoni per la seconda volta. (*Lève-toi avant que le réveil ne sonne une deuxième fois.*)

XIX. Emploi du subjonctif

Le subjonctif est très utilisé. On le trouve, **comme en français** :

➤ Après un verbe exprimant :

Une appréciation	**Sono contento** che sappiate il mio indirizzo. (*Je suis content que vous connaissiez mon adresse.*) **È normale** che tu scelga. (*C'est normal que tu choisisses.*)
Un but	Vi chiamo **perché** mi aiutiate. (*Je vous appelle pour que vous m'aidiez.*) Ve lo spiego **affinché** lo facciate da soli. (*Je vous l'explique afin que vous le fassiez seuls.*)
Une crainte	**Temi** che non ascoltino i tuoi consigli. (*Tu crains qu'ils n'écoutent pas tes conseils.*) **Ho paura** che lei torni tardi. (*J'ai peur qu'elle ne rentre tard.*)
Un doute	**Dubito** che sappiate la risposta. (*Je doute que vous sachiez la réponse.*) **È possibile** che arrivino in tempo. (*Il est possible qu'ils/elles arrivent à l'heure.*)
Une nécessité	**Bisogna** che restiate all'ombra. (*Il faut que vous restiez à l'ombre.*) **È importante** che tu sappia guidare. (*Il est important que tu saches conduire.*)
Un regret	**Mi dispiace** che tu non venga a trovarmi. (*Je regrette que tu ne viennes pas me voir.*)
Un souhait	**Mi auguro** che la festa ti piaccia. (*Je souhaite que la fête te plaise.*)
Une volonté	**Vuole** che i figli imparino le lingue. (*Il/Elle veut que ses enfants apprennent les langues.*) **Preferisco** che lei torni col tassì. (*Je préfère qu'elle revienne en taxi.*) **Desidero** che tu vada a cercarlo. (*Je désire que tu ailles le chercher.*)

➤ Après certaines conjonctions (*cf. les conjonctions de subordinations suivies du subjonctif*)

➤ Après **è**, **era**, **sarà** suivis d'un adjectif ou d'un adverbe.

È bene che sappiano guidare. (*C'est bien qu'ils/elles sachent conduire.*)

Era meglio che tu non venissi. (*Il valait mieux que tu ne viennes pas.*)

Sarà utile che sappiano cucinare. (Il sera utile qu'ils/elles sachent cuisiner.)

È naturale, **è facile**, **è normale**, **è indispensabile**, **è probabile**, etc.

➢ Après une principale négative.
Non dico che sia malato. (*Je ne dis pas qu'il est malade.*)
➢ Après les indéfinis **chiunque**, **ovunque**, **qualsiasi**, **qualunque**.
Chiunque sia non rispondere ! (*Qui que ce soit, ne réponds pas !*)
Ovunque vada ti accompagno. (*Où que tu ailles, je t'accompagne.*)

En revanche, **à la différence du français**, il est utilisé en italien **après un verbe exprimant** :

Une comparaison	È più semplice **di quanto** si creda. (*C'est plus simple qu'on ne croit.*) È più bello **di quanto** si pensi. (*C'est plus beau qu'on ne pense.*)
Un espoir	**Spero** che tutto vada bene. (*J'espère que tout va bien.*)
Une ignorance	**Ignoro** se abbiano i documenti. (*J'ignore s'ils/si elles ont leurs papiers.*) **Non so** se abbiate tempo. (*Je ne sais pas si vous avez le temps.*)
Une interrogation indirecte	**Mi domando** se sia partito. (*Je me demande s'il est parti.*) **Mi chiedo** se abbiano capito. (*Je me demande s'ils/si elles ont compris.*)
Une opinion	**Penso** che questa squadra abbia vinto. (*Je pense que cette équipe a gagné.*) **Crede** che la moto sia guasta. (*Il croit que sa moto est en panne.*) **Mi pare/mi sembra** che piova. (*Il me semble qu'il pleut.*) **Trovo** che faccia fresco. (*Je trouve qu'il fait frais.*) **Ho l'impressione** che siano beneducati. (*J'ai l'impression qu'ils sont bien élevés.*) **Si dice/la gente dice/dicono** che la situazione sia comica. (*On dit que la situation est comique.*)

Pour respecter la **concordance des temps**, on met le subjonctif imparfait si le verbe de la principale est à l'imparfait. (Cf. chap. XXI, « La concordance des temps ».)
Voglio che tu **faccia i** compiti. (*Je veux que tu fasses tes devoirs.*)
Volevo che **facessi** i compiti. (*Je voulais que tu fasses tes devoirs.*)

⚠ Le subjonctif présent remplace l'impératif à la personne de politesse.
Si accomodi ! (*Installez-vous !*)
Venga con me ! (*Venez avec moi !*)

XX. La subordonnée hypothétique

Il existe trois façons d'exprimer une hypothèse, en fonction du temps de la principale.

Principale au présent	Subordonnée au présent
Principale au futur	Subordonnée au futur
Principale au conditionnel	Subordonnée à l'imparfait du subjonctif

➢ **Principale au présent**

Arrivi alle tre **se** parti ora. (*Tu arriveras à trois heures si tu pars maintenant.*)

Se piove, restiamo a casa. (*S'il pleut, on reste à la maison.*)

➢ **Principale au futur**

Se vincerà al lotto comprerà una nuova macchina. (*S'il/si elle gagne au loto, il/elle achètera une nouvelle voiture.*)

Andrò in Sardegna **se** avrò le ferie. (*J'irai en Sardaigne si j'ai des congés.*)

➢ **Principale au conditionnel**

Sarei felice **se** tu venissi con me. (*Je serais content si tu venais avec moi.*)

Se fossi te non direi più nulla. (*Si j'étais toi, je ne dirais plus rien.*)

➢ **Si l'action de la subordonnée est antérieure à celle de la principale**, on utilise le subjonctif plus-que-parfait.

Sarei felice **se** tu fossi venuto con me. (*Je serais content si tu étais venu avec moi.*)

➢ **Si la principale est au conditionnel passé**, la subordonnée est au subjonctif plus-que-parfait.

Sarei stato felice **se** fosse venuto con me. (*J'aurais été content s'il était venu avec moi.*)

XXI. La concordance des temps

Le temps du verbe de la subordonnée dépend du temps du verbe de la principale.

Principale au présent		
	Indicatif	Subjonctif
Simultanéité	**So** che viene. (*Je sais qu'il vient.*)	**Credo** che venga. (*Je crois qu'il vient.*)
Antériorité	**So** che è venuto. (*Je sais qu'il est venu.*)	**Credo** che sia venuto. (*Je crois qu'il est venu.*)
Postériorité	**So** che verrà. (*Je sais qu'il viendra.*)	**Credo** che verrà. (*Je crois qu'il viendra.*)

Principale au passé		
	Indicatif	Subjonctif
Simultanéité	**Sapevo** che veniva. (*Je savais qu'il venait.*)	**Credevo** che venisse. (*Je croyais qu'il venait.*)
Antériorité	**Sapevo** che era venuto. (*Je savais qu'il était venu.*)	**Credevo** che fosse venuto. (*Je croyais qu'il était venu.*)
	Indicatif	Conditionnel passé
Postériorité	**Sapevo** che sarebbe venuto. (*Je savais qu'il viendrait.*)	**Credevo** che sarebbe venuto. (*Je croyais qu'il viendrait.*)

Principale au futur		
	Indicatif	Subjonctif
Simultanéité	**Saprò** che viene. (*Je saurai qu'il vient.*)	**Basterà** che lui venga. (*Il suffira qu'il vienne.*)
Antériorité	**Saprò** che era venuto. (*Je saurai qu'il était venu.*)	**Basterà** che lui sia venuto. (*Il suffira qu'il soit venu.*)
Postériorité	**Saprò** che verrà. (*Je saurai qu'il vient.*)	**Basterà** che lui venga. (*Il suffira qu'il vienne.*)

Principale au conditionnel présent		
Simultanéité	**Saprei** che viene. (*Je saurais qu'il vient.*)	**Basterebbe** che venisse. (*Il suffirait qu'il vienne.*)
Antériorité	**Saprei** che è venuto. (*Je saurais qu'il est venu.*)	**Basterebbe** che fosse venuto. (*Il suffirait qu'il soit venu.*)
Postériorité	**Saprei** che verrà. (*Je saurais qu'il viendra.*)	**Basterebbe** che venisse. (*Il suffirait qu'il vienne.*)

Principale au conditionnel passé	
Simultanéité Antériorité	**Sarebbe bastato** che fosse venuto. (*Il aurait suffi qu'il soit venu.*)
Postériorité	**Sarebbe bastato** che venisse. (*Il aurait suffi qu'il vienne.*)

XXII. Traduction de « aimer »

Ce chapitre s'applique au verbe *aimer* lorsqu'il signifie « apprécier », « bien aimer ». C'est le complément d'objet direct français qui est considéré comme le sujet réel de la phrase.

A Paola piace il mare. (*Paola aime la mer* = la mer plaît à Paola.)

... PIACE	... PIACCIONO
Mi piace la **pizza**. (*J'aime la pizza.*) **Ti** piace **ballare**. (*Tu aimes danser.*) **Gli** piace **andare** al cinema. (*Il aime aller au cinéma.*) **Le** piace il **nuoto**. (*Elle aime la natation.*) **Ci** piace **ridere**. (*Nous aimons rire.*) **Vi** piace **Roma**. (*Vous aimez Rome.*) Piace **loro** il **tennis**. (*Ils/Elles aiment le tennis.*) **Ai ragazzi** piace lo **sport**. (*Les garçons aiment le sport.*) **A mia sorella** piace la **danza classica**. (*Ma sœur aime la danse classique.*)	**Mi** piacciono **i gelati**. (*J'aime les glaces.*) **Ti** piacciono **i ravioli**. (*Tu aimes les raviolis.*) **Gli** piacciono **i film** di fantascienza. (*Il aime les films de science-fiction.*) **Le** piacciono **le gite** in campagna. (*Elle aime les promenades à la campagne.*) **Ci** piacciono **i viaggi**. (*Nous aimons les voyages.*) **Vi** piacciono **Roma** e **Firenze**. (*Vous aimez Rome et Florence.*) Piacciono **loro i romanzi** di Camilleri. (*Ils/Elles aiment les romans de Camilleri.*) **A tuo fratello** piacciono **le lasagne**. (*Ton frère aime les lasagnes.*) **Ai genitori** piacciono **gli affreschi** di Giotto. (*Les parents aiment les fresques de Giotto.*)

XXIII. Obligation et nécessité

Pour indiquer une obligation ou une nécessité, trois formes sont possibles.

1) « BISOGNA » SUIVI D'UN VERBE À L'INFINITIF

Bisogna sbrigarsi. (*Il faut se dépêcher.*)
Bisogna fare attenzione. (*Il faut faire attention.*)
Bisognava lavorare sodo. (*Il fallait travailler dur.*)

⚠ **Bisogna** suivi de **che** (*il faut que*) est obligatoirement suivi du subjonctif. (Cf. chap. XIX, « Emploi du subjonctif ».)
Bisogna che lui parli piano. (*Il faut qu'il parle doucement.*)

2) « CI VUOLE » OU « CI VOGLIONO »

Ces formes sont conjuguées au temps nécessaire et s'accordent avec le complément d'objet direct français.

➢ **ci vuole** est employé avec un nom singulier.
Ci vuole pazienza. (*Il faut de la patience.*)
Ci voleva coraggio. (*Il fallait du courage.*)
Ci vorrà tempo. (*Il faudra du temps.*)

➢ **ci vogliono** est employé avec un nom pluriel, ou plusieurs noms au singulier.
Ci vogliono le firme sul documento. (*Il faut les signatures sur le document.*)
Ci vogliono **acqua e sale** per fare cuocere la pasta. (*Il faut de l'eau et du sel pour faire cuire les pâtes.*)
Ci volevano due operai per fare il lavoro. (*Il fallait deux ouvriers pour faire le travail.*)
Ci vorranno due ore. (*Il faudra deux heures.*)

3) LE VERBE « OCCORRERE »

Il peut être employé indifféremment en remplacement de l'une ou l'autre de ces formes. Ainsi on peut dire :

Bisogna lavorare per avere soldi./Occorre lavorare per avere soldi. (*Il faut travailler pour avoir de l'argent.*)
Ci vuole pazienza per insegnare./Occorre pazienza per insegnare. (*Il faut de la patience pour enseigner.*)

Ci vogliono un coltello e una forchetta per mangiare la bistecca./ Occorrono un coltello e una forchetta per mangiare la bistecca. (*Il faut un couteau et une fourchette pour manger le beefsteak.*)

Un tempo, ci volevano molti giorni per fare questo lavoro./ Un tempo, occorrevano molti giorni per fare questo lavoro. (*À une époque, il fallait beaucoup de jours pour faire ce travail.*)

Ci vorrebbe un amico per essere capito./Occorrerebbe un amico per essere capito. (*Il faudrait un ami pour être compris.*)

4) Autres verbes ou expressions

A. Le verbe « devoir »

Il se traduit par :

➢ **Dovere**

Devo abituarmi alla nuova casa. (*Je dois m'habituer à ma nouvelle maison.*)

Si deve ascoltare. (*On doit/Il faut écouter.*)

➢ **Andare**

Questo compito va fatto con cura. (*Ce travail doit être fait avec soin.*)

B. L'expression « il me faut »

Elle se traduit par :

➢ **Mi serve**

Mi serve una cannuccia. (*J'ai besoin d'une paille.*)

Vi serve qualcosa? (*Vous avez besoin de quelque chose?*)

➢ **Avere bisogno di**

Abbiamo bisogno di due o tre giorni. (*Nous avons besoin de deux ou trois jours.*)

C. L'expression « avoir à »

Elle se traduit par **avere da** suivi de l'infinitif.

Ho tre compiti da fare. (*J'ai trois devoirs à faire.*)

Avete la vostra camera da pulire. (*Vous avez votre chambre à nettoyer.*)

D. L'expression « être à »

Elle se traduit par **essere da** suivi de l'infinitif.

Questo compito è da fare subito. (*Ce devoir est à faire tout de suite.*)

Questa pizza è da portare via o da mangiare subito? (*Cette pizza, elle est à emporter ou à manger tout de suite?*)

XXIV. Traduction de « il y a »

Suivi d'un nom au singulier, « il y a » se traduit par **c'è**.

Nel giardino, c'è un**a** vasc**a**. (*Dans le jardin, il y a un bassin.*)

Suivi d'un nom au pluriel, ou de plusieurs noms, « il y a » se traduit par **ci sono**.

Nel parco ci sono molt**i** fior**i**. (*Dans le parc, il y a beaucoup de fleurs.*)

A casa mia ci sono **un** can**e** e **un** gatt**o**. (*Chez moi, il y a un chien et un chat.*)

➢ Pour traduire « il y en a »

Suivi d'un nom au singulier : **ce n'è**.

Un vigile, ce n'è uno vicino al semaforo. (*Un agent de police, il y en a un près du feu rouge.*)

➢ Suivi d'un nom au pluriel, ou de plusieurs noms : **ce ne sono**.

Vuoi un caffè o un tè ? Ce ne sono in questo bar. (*Tu veux un café ou un thé ? Il y en a dans ce bar.*)

Dove sono i libri ? Ce ne sono sullo scaffale. (*Où sont les livres ? Il y en a sur l'étagère.*)

⚠ Pour « il y a » exprimant le temps, cf. chap. XVI, « L'expression du temps ».

XXV. Traduction de « on »

Il existe plusieurs façons de traduire le *on* français, la formule impersonnelle étant souvent remplacée par un sujet :

➢ *On* signifiant *nous*

In Francia mangiamo molto formaggio. (*En France, on mange beaucoup de fromage.*)

➢ *On* signifiant *ils*

In Italia mangiano molta pasta. (*En Italie, on mange beaucoup de pâtes.*)

➢ *On* signifiant *tu*

Quando arrivi a Roma vai al Colosseo. (*Quand on arrive à Rome, on va au Colisée.*)

➢ *On* signifiant *quelqu'un*

Uno è fiero della riuscita dei figli. (*On est fier de la réussite de ses enfants.*)

➢ *On* signifiant *les gens*

La gente dice che gli italiani bevono molto caffè. (*On dit que les Italiens boivent beaucoup de café.*)

➢ *On* traduit par **si**

Le verbe italien s'accorde avec le COD français, qui est le sujet réel.

In Francia **si mangia** molto formaggio. (*En France, on mange beaucoup de fromage.*)

Si vede la cupola. (*On voit la coupole.*)

Si visitano i monumenti. (*On visite les monuments.*)

Pour exprimer une généralité, on met l'adjectif attribut au pluriel sans accorder le verbe *être*.

Si è **felici** quando si è tra amici. (*On est heureux quand on est entre amis.*)

Non si è mai **soli** con un bel libro. (*On n'est jamais seul avec un bon livre.*)

➢ *On* accompagné d'un pronom personnel.

Le **si** qui traduit *on* précède immédiatement le verbe.

- *on se* : **ci si**
  Ci si alza presto. (*On se lève tôt.*)
  Ci si riposa all'ombra. (*On se repose à l'ombre.*)
- *on le* : **lo si**
  Un bel film lo si guarda più volte. (*Un beau film, on le regarde plusieurs fois.*)
  Lo si raccomanda agli amici. (*On le recommande à ses amis.*)

- *on la* : **la si**
  La musica classica la si ascolta in silenzio. (*La musique classique, on l'écoute en silence.*)
- *on les* : **li si** (au masculin) ou **le si** (au féminin)
  I libri li si trovano in biblioteca. (*Les livres, on les trouve à la bibliothèque.*)
  Le vetrine le si guardano prima di entrare. (*Les vitrines, on les regarde avant d'entrer.*)
- *on lui* : **gli si** (au masculin) ou **le si** (au féminin)
  Gli si dice di riflettere. (*On lui dit de réfléchir.*)
  Le si domanda di giocare. (*On lui demande de jouer.*)
- *on leur* : **loro** se place toujours immédiatement après le verbe.
  Si presta loro l'ombrello. (*On leur prête un parapluie.*)
  Si prepara loro la camera. (*On leur prépare la chambre.*)
- *on en* : **se ne**. Attention : exceptionnellement, le **si** qui traduit *on* n'est pas placé juste devant le verbe.
  La partita, se ne parla in famiglia. (*Le match, on en parle en famille.*)
- *on y* : **ci si** ou **vi si**
  Si va spesso alla piscina. (*On va souvent à la piscine.*)
  Ci si va spesso. (*On y va souvent.*)

Avec un possessif, *on* étant indéfini, l'adjectif possessif est **proprio**, qui s'accorde avec le nom qu'il qualifie.

Si ordinano **le** proprie cos**e**. (*On range ses affaires.*)

Librio

905

Composition PCA – 44400 Rezé
Achevé d'imprimer en Italie par Grafica Veneta
en avril 2016 pour le compte de E.J.L.
87, quai Panhard-et-Levassor, 75013 Paris
1er dépôt légal dans la collection : juillet 2009
EAN 9782290014462

Diffusion France et étranger : Flammarion